2
苏东坡和
他的
朋友们

哈哈哈！如果
大宋词人
有朋友圈

诗意文化 编
魏无忌 叶寒 著

江苏凤凰文艺出版社
JIANGSU PHOENIX LITERATURE AND
ART PUBLISHING

《哈哈哈！如果大宋词人有朋友圈·
苏东坡和他的朋友们》署名

诗意文化内容创作团队

总　编：魏无忌

主　编：葛发树

主　笔：魏无忌　直男哥　叶　寒　聂隐娘

　　　　胡子雯　邓　仙

编　委：胡长虹　杨　强

第一章

张先：论风流，柳永都要靠边儿站

张先

朝代 北宋

职务 尚书都官郎中

身份 词人

字 子野

籍贯 今浙江湖州

　　北宋初期的词坛，豪放派还未出道，主角依旧是"婉约派"，词调也多以小令为主。初期的婉约派里，扛大旗的是两大风流人物，一个是柳永，另一个便是张先。张先，生于公元 990 年，字子野，乌程（今浙江湖州）人。他是北宋少有的长寿词人，活了近 90 岁。这个岁数就是在当今也能拿到一个"高寿"的名片。他是过得最悠哉的词人，一生没做过什么大官，他的人生字典里就没有"贬谪""仕途坎坷"这些词。他是最会写"影"的词人，你肯定读过这句"云破月来花弄影"，《全宋词》中收录有张先词 165 首，其中写到"影"的词作就有近 30 首。他是北宋最风流的词人，到了 80 多岁还要纳妾。

　　他的词作有含蓄之格，亦有发越之处。清代著名词评家陈廷焯赞他的词是"古今一大转移"，不像温庭筠、韦庄、晏殊、欧阳修那样"体段虽具，声色未开"，也不像柳永、秦观、苏轼、辛弃疾那样"气局一新，而古意渐失"。

　　他还开创性地"以小令作法写慢词"，大量使用题序来表明创作背景，大大增强了词的"讲故事"的功能，成了北宋中前期词的发展风向标。他一直活跃在词坛一线，所交往的都是知名大 V。

　　翻开北宋文坛大咖的朋友圈，宰相晏殊、尚书宋祁、文坛巨擘欧阳修、人间男神苏轼竟都把他分在密友那一栏。他是文坛里极少的过得一帆风顺的人，他的人生准则就是，好好活着比什么都重要。

张维

父亲

张先　　忘年交　　苏轼

朋友

晏殊　欧阳修
宋祁　王安石
梅尧臣　陈襄

一、请叫我"张三影"

宋仁宗天圣八年（公元 1030 年），已至中年的张先才拿到进士录取通知书。这科考不顺，换作其他人，恐怕要早早地抱怨自己怀才不遇了，可他没有。

考上进士以后，他先后在宿州、嘉兴、西安、渝州等地做过官。

什么叫宦海沉浮，政事多艰，他没体验过。

因为他一生就没做过什么像样的大官，也因此幸运地远离了朝堂风暴眼。

他总是一种顺其自然的态度：小富即安。

他更愿意把时间花在感受生活的美上，这令他的词作呈现出一种不同于浓艳"花间词"的清淡风。

对于"影"这个朦胧清雅的意象，他尤其情有独钟。

他能活那么久还少疾病，心态好也是重要原因。

自古才子圈多早慧者，张先却是个大器晚成者，相交的文人岁数大都比他小，考中进士的时间却往往都比他早。

07:31

朋友圈

张先
终于遇见你，还好我没放弃。

录取通知书

张先 先生：

恭喜您通过此次考试，特赐进士出身。

张维，北宋诗人，张先之父，生于公元956年，卒于公元1046年。少年学书，贫不能卒业，去而躬耕以为养，善教其子，至于有成。

♡张维,晏殊,欧阳修,苏舜钦,梅尧臣

张维：好儿子，棒棒哒！不枉我那么多年白天耕地，晚上辅导你学习啊！

晏殊：想当年我拿到这个时才十几岁，岁月不饶人啊！

晏殊生于公元991年，十几岁以神童入试，赐同进士出身。虽然比张先小，晏殊此时已是主考官，张先倒成了他的门生。

张先回复晏殊：老师，您比我小一岁，怎么能说老！

欧阳修：子野兄，咱们能同榜登第，缘分啊！

张先：统一回复：感谢各位的点赞和支持啊！祝各位天天向上！

张先、欧阳修均为宋仁宗天圣八年（公元1030年）进士。

宋仁宗康定元年（公元1040年）春，张先被任命为嘉禾（今浙江嘉兴）判官。一日，张先身体不适，几杯闷酒下肚后，愁绪上来，趁着暮色，他去小院散步，忽地一阵风吹过，云开月现，花影摇曳，他突然来了灵感。

张先
今日身体抱恙，本来只想躺平，几杯酒下肚，诗兴突然来了，一首《天仙子》送给大家。
水调数声持酒听，午醉醒来愁未醒。送春春去几时回？临晚镜，伤流景，往事后期空记省。
沙上并禽池上暝，云破月来花弄影。重重帘幕密遮灯，风不定，人初静，明日落红应满径。

嘉禾

···

♡ 欧阳修,梅尧臣,晏殊,蔡襄

欧阳修：今日沙发，秒赞就是我。😎
晏殊：哟，不舒服还喝酒！扣分。词倒是写得很有韵致，点赞。
蔡襄：云破月来花弄影，这句妙啊！我拿小本本记下了。
梅尧臣：这个"影"，怎一个"风姿绰约"了得！

蔡襄，北宋名臣，书法家、文学家、茶学家。在吴州任职时与张先认识。

梅尧臣，北宋著名诗人，与苏舜钦并称"苏梅"，与欧阳修并称"欧梅"，被誉为宋诗"开山祖师"。在德兴、建德、湖州等地担任官员时与张先有交往。

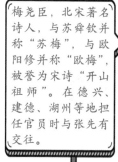

王国维的《人间词话》中有："云破月来花弄影，着一'弄'字而境界全出矣。"

自从写了《天仙子》，被人夸奖写"影"写得好后，张先便开始一个劲儿地写跟"影"有关的词，前后写了近30首"影子词"，并自称"张三影"。

张先
近日写了一首《行香子》，请大家瞧瞧。
舞雪歌云。闲淡妆匀。蓝溪水、深染轻裙。酒香醺脸，粉色生春。更巧谈话，美情性，好精神。
江空无畔，凌波何处，月桥边、青柳朱门。断钟残角，又送黄昏。奈心中事，眼中泪，意中人。

⋯

♡ 晏殊,欧阳修,晏几道,梅尧臣

张家铁粉：写得真好，张三中老师。👍
张先："张三中"？🤨
张家铁粉："心中事，眼中泪，意中人"嘛。😄
张先：哈哈，那不如叫我"张三影"。😄
张家铁粉：那是何故？
张先：我最得意之词应该是"云破月来花弄影""娇柔懒起，帘押残花影""柳径无人，堕絮飞无影"。
晏几道：其实我爸爸在背地里称呼您"老油条"。😄
晏殊回复晏几道：小孩子别胡闹，一边儿玩去。

1."云破月来花弄影""娇柔懒起，帘押残花影""柳径无人，堕絮飞无影"，分别出自张先的词《天仙子》《归朝欢》《剪牡丹》。
2.《古今诗话》云："有客谓子野曰：'人皆谓公张三中，即心中事、眼中泪、意中人也。'公曰：'何不曰之为张三影？'客不晓，公曰：'"云破月来花弄影""娇柔懒起，帘押残花影""柳径无人，堕絮飞无影"，此余生平所得意也。'"

宋仁宗皇祐二年（公元 1050 年），晏殊知永兴军（驻地陕西西安）任上，招张先为通判。不久后，张先以屯田员外郎的身份到渝州（今重庆）担任知府。临别之际，亦师亦友的两人均颇为伤感。

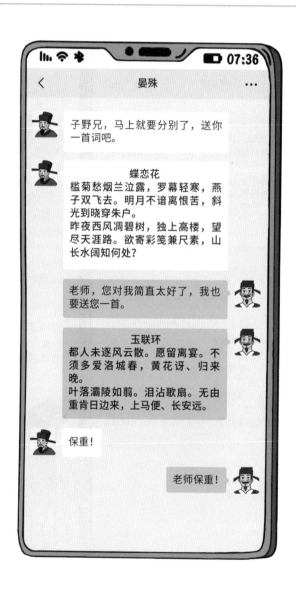

07:36

晏殊

···

子野兄，马上就要分别了，送你一首词吧。

蝶恋花
槛菊愁烟兰泣露，罗幕轻寒，燕子双飞去。明月不谙离恨苦，斜光到晓穿朱户。
昨夜西风凋碧树，独上高楼，望尽天涯路。欲寄彩笺兼尺素，山长水阔知何处？

老师，您对我简直太好了，我也要送您一首。

玉联环
都人未逐风云散。愿留离宴。不须多爱洛城春，黄花讶、归来晚。
叶落灞陵如翦。泪沾歌扇。无由重肯日边来，上马便、长安远。

保重！

老师保重！

哈哈哈！如果大宋词人有朋友圈·苏东坡和他的朋友们

嘉祐五年（公元 1060 年），修撰完《新唐书》的宋祁，已升为左丞、工部尚书。一日，听说张先入京办事，宋祁便带着仆从前去拜访。

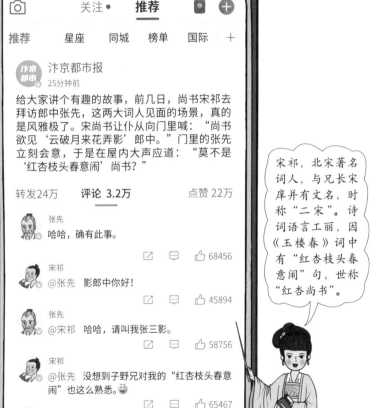

汴京都市报
25分钟前

给大家讲个有趣的故事，前几日，尚书宋祁去拜访郎中张先，这两大词人见面的场景，真的是风雅极了。宋尚书让仆从向门里喊："尚书欲见'云破月来花弄影'郎中。"门里的张先立刻会意，于是在屋内大声应道："莫不是'红杏枝头春意闹'尚书？"

转发24万　　　**评论 3.2万**　　　点赞 22万

张先
哈哈，确有此事。
△ 68456

宋祁
@张先　影郎中你好！
△ 45894

张先
@宋祁　哈哈，请叫我张三影。
△ 58756

宋祁
@张先　没想到子野兄对我的"红杏枝头春意闹"也这么熟悉。😂
△ 65467

张先
@宋祁　宋尚书一个"闹"字，境界全出，我岂能不知？
△ 65345

宋祁，北宋著名词人，与兄长宋庠并有文名，时称"二宋"。诗词语言工丽，因《玉楼春》词中有"红杏枝头春意闹"句，世称"红杏尚书"。

第一章　张先：论风流，柳永都要靠边儿站

二、风流的"桃杏嫁东风郎中"

张先的词作大多反映士大夫的诗酒生活和男女之情，尤其擅长写男欢女爱、相思离别。

这与北宋时期的风气有关，更与张先个人的爱好有关。

说到诗酒风流，综观北宋词坛，恐怕无人能比张先更甚。纵是一世风流的柳永，风月多情的欧阳修，也难及张先。

因为张先的风流不是一般文人骚客的多情，而是近乎纯粹的猎艳。

据说，凡张先所在之地，当地美女、好友家的歌伎，他无不设法与之相见。即使到老迈之年，张先娶妾仍求年轻貌美的女子。

导读

据说，张先年轻时曾爱上一个出家女子，但因庵里管教严格，他们不能常常相会。有次张先趁着夜色在阁楼与女子相会，临别时十分不舍，就写了一首《一丛花令》来抒发自己的情怀。

---

lılı 🛜 ✶　　　　▆ **08:13**

‹　　　　**朋友圈**　　　　📷

🧔 **张先**
　贴一首旧作。

　　　　　一丛花令
伤高怀远时几时穷？无物似情浓。离愁正引千丝乱，更东陌、飞絮蒙蒙。嘶骑渐遥，征尘不断，何处认郎踪。
双鸳池沼水溶溶，南北小桡通。梯横画阁黄昏后，又还是、斜月帘栊。沉恨细思，不如桃杏，犹解嫁东风。

　　　　　　　　　　　　‥

♡ 宋祁,张家铁粉,大宋娱小报,梅尧臣

宋祁：大爱这句"沉恨细思，不如桃杏，犹解嫁东风"，彻底被圈粉了！

张先回复宋祁：你是文坛领袖了，别老吹捧我。😊

宋祁回复张先：我觉得可以送你一个"桃杏嫁东风郎中"的外号。

张先回复宋祁：你已给我送过"影郎中"的外号了……

大宋娱小报：我的直觉告诉我，这首词会上热搜！

张家铁粉：张老师，这首词真的是写给尼姑的吗？

张先回复张家铁粉：别听那些八卦自媒体瞎说……

1.《一丛花令》选入了《宋词三百首》。
2. 关于张先与尼姑的故事，出自南宋杨湜《古今词话》，并不一定真实可信。
3. 宋代范公偁《过庭录》中记载："张先子野郎中《一丛花》词云：'……不如桃杏，犹解嫁东风。'一时盛传，欧永叔尤爱之，恨未识其人。子野家南地，以故至都谒永叔。阍者以通，永叔倒屣迎之曰：'此乃桃杏嫁东风郎中。'"

导读

宋英宗治平元年（公元 1064 年），张先以尚书都官郎中致仕（退休），此后十几年经常往来于杭州、吴兴，以垂钓和创作诗词自娱，并与赵抃、苏轼、蔡襄、陈襄、郑獬、李常等名士登山交游，吟唱往还。

陈襄（1017—1080），北宋理学家，仁宗、神宗朝名臣，曾任杭州知府。

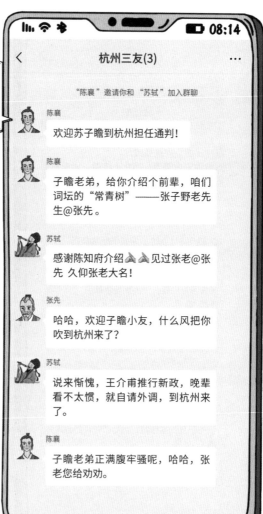

杭州三友(3)

···

 张先

咳，有什么想不开的，子瞻小友还年轻，路还长着呢，我都80多了，照样是该吃吃，该喝喝。😁

 陈襄

是啊，你少年得志，未经风雨洗涤，如今在这远离京畿之地历练历练，也未尝不是好事。

 苏轼

唉，我空有鸿鹄之志，济世之才，却被小人嫌隙，沦落到如此辽远之地，如何对得起父亲和先帝。

 张先

子瞻此言差矣！岂不闻范文正公言"居庙堂之高则忧其民，处江湖之远则忧其君"。杭州这个地方自隋唐以来，日趋富庶，繁华不减京都。昔年白乐天（白居易）在此尚能大有作为，如今子瞻大可一释重负，寄情山水，与民同乐，岂不妙哉！

 苏轼

张老所言甚是，晚辈见识浅陋，惭愧惭愧！

杭州三友(3)

陈襄
哈哈，明天我请两位到一笑楼喝酒，谁也不许缺席！

张先
喝酒没问题，歌舞可不能少。😄

陈襄
看张老说的，咱们喝酒吟诗，岂能少得了歌舞。

苏轼
最好是能让歌伎唱张老的词，我早就想听了，"桃杏嫁东风郎中"可是名满天下……

王安石变法后，苏轼因与王安石意见不合，请求出京，被授为杭州通判（1071—1074）。

郑獬（1022—1072），北宋文人，宋仁宗皇祐五年（公元1053年）考中状元，曾任开封知府、杭州知府等职。

 陈襄

各位，我爆个料，前天宴席，@张先 张老遭遇众歌伎围攻……

 郑獬

什么情况？名满天下的大词人张先被歌伎群殴？？

 张先

别瞎说，老夫怎么可能被群殴！

 陈襄

哈哈，其实不是围攻，是被歌伎围着索要歌词，张老的词是歌伎们最爱唱的嘛。

 苏轼

我就说呢，张老的词可是无人不爱的。我在京城时曾听说："凡有井水饮处，皆能歌柳词"，来到杭州，我觉得这句话要改成"凡有井水饮处，皆能歌张词"，张老的词可不比柳永的差呀。

 陈襄

不过，张老您是不是忘了给龙靓写词？她可是唱词唱得最好的呀！

第一章 张先：论风流，柳永都要靠边儿站

兩浙詩人風雅群(39)

 张先
我看那龙靓清高，不主动向我要词，我就故意冷落她……

 陈襄
哈哈，她不是清高，只是不想跟别人争而已，她其实挺想要你的词。这不，回去后她就后悔了，还写了首诗托我转给你。

 陈襄
天与群芳千样葩，独无颜色不堪夸。牡丹芍药人题遍，自分身如鼓子花。

 张先
这么想要向我索词吗？哈哈！

 陈襄
肯定的，您给她写一首？

 张先
没问题，秒写！

 张先
望江南（与龙靓·般涉调）
青楼宴，靓女荐瑶杯。一曲白云江月满，际天拖练夜潮来。人物误瑶台。　醺醺酒，拂拂上双腮。媚脸已非朱淡粉，香红全胜雪笼梅。标格外尘埃。

哈哈哈！如果大宋词人有朋友圈·苏东坡和他的朋友们

郑獬

厉害了我的张老！

陈襄

张老给咱杭州的歌伎胡楚草等人都写过，还帮她们脱籍，发大家看看。

陈襄

雨中花令（赠胡楚草）
近鬓彩钿云雁细。好客艳、花枝争媚。学双燕、同栖还并翅。我合著、你难分离。
这佛面、前生应布施。你更看、蛾眉下秋水。似赛九底、邮他三五二。正闷里、也须欢喜。

陈襄

武陵春（般涉调）
每见韶娘梳鬓好，钗燕傍云飞。谁掬彤霞露染衣。□玉透柔肌。
梅花瘦雪梨花雨，心眼未芳菲。看著娇妆听柳枝。人意觉春归。

张先

@陈襄　您堂堂杭州知府，别只盯着我这些给歌伎的词呀 😷

"□①玉透柔肌"，这句第一个字已不可考。

① 古文中多用"□"符号代替缺失的字。

宋神宗元丰元年（公元 1078 年），张先去世了。

回看张先的一生，我们会发现，张先虽然没有大富大贵过，但他看似安逸平和的一生却过得有声有色。

进士及第后，张先先后担任过宿州掾（yuàn）、吴江知县、嘉禾判官、永兴军通判等职务，从来就没有触及过朝廷权力中心。但他并没有像很多文人一样去愤懑、去抱怨"怀才不遇"，而是把这种经历当作远离政治斗争的幸运。

张先一生，虽没有什么建功立业的大成就，但是他总能在自己的一方天地里，专心地研究书画诗词，认认真真地生活，从从容容地感受着一切美好的事情。

平平和和、乐乐呵呵。

他不仅用好心态"延长"了自己的人生，也提醒了后世的我们：幸福的关键不在于成功，而成功的关键却在于幸福。

他的词作总是那么清丽唯美，别有韵味，也正是得益于他儒雅温和的人生气度。

第二章

欧阳修：不断被『黑』的文坛领袖

欧阳修

朝代 北宋

职务 谏官

身份 文学家、史学家

字 永叔

号 醉翁

籍贯 今属江西吉安

说起北宋文坛，我们永远都无法避开一个人——欧阳修。

欧阳修，字永叔，号醉翁，晚年号六一居士，为"唐宋八大家"之一，谥号"文忠"，世称欧阳文忠公，生于公元 1007 年，卒于公元 1072 年。

大多数人对欧阳修的认识，一般都来自他写的文章，毕竟《卖油翁》和《醉翁亭记》这些文章大家早已耳熟能详，都曾入选教材。

而"二十四史"里面，《新唐书》《新五代史》也都出自欧阳修之手。

但如果只提写文章，那对欧阳修来说也太过不公平。毕竟，他当年可是当之无愧的文坛领袖级人物，"唐宋八大家"中宋代的几大家，都是欧阳修提拔起来的。倘若没有他，或许历史还真的要改写。

真实的欧阳修到底是什么样的？他这个文坛领袖又是如何镇住苏轼、王安石、范仲淹等一众赫赫有名的大文豪的？

大家不妨跟着我们的文字，一起看看欧阳修的一生。

欧阳晔　　晏殊

欧阳观　　　　薛奎　王曙

叔父　老师

父亲　　　　　　长辈

郑氏　　母亲　　欧阳修　　妻子　胥氏

杨氏

薛氏

同学　　朋友　　门生

王拱辰　　张君房　刘牛干　　曾巩
刘沆　　　梅尧臣　钱惟演　　苏轼
蔡襄　　　富弼　　谢绛　　　苏洵
孙抃　　　尹洙　　尹源　　　苏辙
张先　　　范仲淹　韩琦　　　王安石
陈希亮　　　　　　　　　　　程颢
张载

一、寒门生贵子

欧阳修的童年时光并不是那么美好。

出生没几年，他的父亲就因病去世了，孤儿寡母只好投奔叔叔。因为家境贫寒，小小的欧阳修没钱去上学，甚至连买纸笔的钱都没有。

幸运的是，欧阳修有一位伟大的母亲。他的母亲郑氏出身书香门第，是她给欧阳修上了人生中最重要的第一课——"寒门生贵子，白屋出公卿"。

筹不齐学费，郑氏就亲自教儿子识字；买不起纸张笔墨，她就拿芦苇秆当笔，在地上教欧阳修写字。

欧阳修也没有辜负母亲的苦心，勤奋苦读，小小年纪就已有了"文名"。

宋真宗景德四年（公元 1007 年），绵州军事推官欧阳观老来得子，着实兴奋了许久。当时的他或许并不知道，他这个儿子在未来，会成为一代名臣、一代文坛领袖。

欧阳观

我曾经不止一次想过，我都五十几岁了，一直没有孩子，是不是因为我这些年做刑狱工作，误杀好人遭报应了？如今终于老来得子，看来我这些年干得还算不错，没有遭什么报应。

《离骚》有云："老冉冉其将至兮，恐修名之不立。"我如今这个岁数了，只想给自己这一辈子赚个好名声。孩子，我就给你取个"修名"的"修"字吧，叫欧阳修，希望你以后做一个正直而受人尊敬的好人。

绵州

♡ 郑氏，欧阳晔

郑氏：我觉得咱们修儿以后肯定是个好人，老话说，有其父必有其子嘛！

欧阳观回复郑氏：嘿嘿，别的不敢吹嘘，但我这人人品没啥毛病。这些年来，我可真说得上是清似水，明如镜。

欧阳晔：看大侄子骨骼清奇，以后肯定是个了不起的人。等侄子长大了肯定比咱哥儿俩混得好。

欧阳观回复欧阳晔：哈哈哈，那必须的啊，也不看看是谁的儿子！😄

欧阳观，吉州永丰（今江西吉安）人，欧阳修之父，历任泗州、绵州推官。欧阳晔，欧阳观之弟，欧阳修之叔，宋真宗咸平三年与兄欧阳观同举进士甲科，历任随州推官、雄州判官、阆州推官、江陵府掌书记，后拜太子中允、太常丞、博士、尚书屯田、都官二员外郎等。

欧阳修《泷冈阡表》："太夫人告之曰：汝父为吏廉，而好施与，喜宾客；其俸禄虽薄，常不使有余。"

第二章 欧阳修：不断被"黑"的文坛领袖

哈哈哈！如果大宋词人有朋友圈·苏东坡和他的朋友们

宋真宗大中祥符三年（公元 1010 年），欧阳观调任泰州判官，到任不久，就不幸身染重病去世，只剩下欧阳修和母亲郑氏这一对孤儿寡母。欧阳观一直清正廉明、乐善好施，家中没有什么余钱，郑氏无奈，只得带着年幼的欧阳修，投奔身在随州的欧阳晔。

 郑氏

唉，自从我丈夫撒手一去，这日子就过得一天不如一天了。幸好修儿争气，没有钱买纸笔，就用荻草在沙子上写字；没有钱买书上学，就去找有书的同学借回家来学。
看着他一天一天长大，学问也一天比一天高，我这心里万分欣慰，他将来必定是会给欧阳家增光的。

随州

♡ 欧阳修,欧阳晔,李财主

欧阳修：妈，您放心吧，我肯定努力学习，将来给您争光！
郑氏回复欧阳修：好孩子，你是好样的。
欧阳晔：嫂子，没钱你跟我说啊！好歹我也是个小官，虽说不上富裕，但让修儿买点纸笔、上上学还是没啥问题的！
郑氏回复欧阳晔：不打紧的，老话说"人穷志不短"，咱家修儿能克服，不能让他从小就总依靠别人。
李财主：从小我就看修儿这孩子有天分，啥也不说了，我家有的是书，只要想看随时来取！
欧阳修回复李财主：谢谢李员外啦！我听说您家有一套《韩昌黎文集》，甚是想拜读一下。
李财主回复欧阳修：来拿！不光给你书，还管饭！

1.《宋史·欧阳修传》："四岁而孤，母郑，守节自誓，亲诲之学，家贫，至以荻画地学书。"这个便是民间流传很广的"欧母画荻"的故事。
2.《欧阳文忠公年谱》："州南大姓李氏子好学，公多游其家，于故书中得唐韩昌黎文六卷，乞以归，读而爱之。"

宋仁宗天圣元年（公元 1023 年），欧阳修第一次参加科举考试。虽然年纪轻轻，但以欧阳修的才华，倘若正经应考，随随便便就能考个不错的名次，但年少轻狂的欧阳修，偏偏不守规矩。

欧阳修
科举考试？呵呵！什么鬼东西！我写"石言于晋，神降于莘，内蛇斗而外蛇伤，新鬼大而故鬼小"，人民群众喜闻乐见，你们不喜欢，你们算老几？还说我文章出韵了……写个文章，都卡在韵里头，能写出什么好东西！被束缚了思想，即便考中了，又如何能成国之栋梁？唉，深夜睡不着，作一首《夜意》：
蕙灶炉薰断，兰膏烛艳煎。
夜风多起籁，晓月渐亏弦。
鹊去星低汉，乌啼树暝烟。
惟应墙外柳，三起复三眠。

随州

♡ 郑氏,欧阳晔

郑氏：修儿啊，你这脾气真是倔。既然去考试了，就按着考试规矩写文章，为什么这么犟啊？！
欧阳修回复郑氏：妈，我啥脾气您还不知道吗？我爹就硬气了一辈子，我这做儿子的肯定随爹啊……😄
欧阳晔：哈哈哈，好小子！你这本事可够大的，连科举都骂啊……不过一说一，照你这样下次科考也够呛。
欧阳修回复欧阳晔：叔，您就不能说点好的啊……🍑

1.《欧阳文忠公年谱》："是岁，公应举随州。试左氏失之诬论。其略云：'石言于晋，神降于莘。内蛇斗而外蛇伤，新鬼大而故鬼小。'人已传诵。坐赋逸官韵，黜。"

导读

转眼四年过去，欧阳修再次进入考场，这次他过了随州乡试，去京里应礼部试。欧阳修以为，京里的考官总比下边的考官明理，但很不幸，他以为错了，他并没有遇到能接受新鲜事物的考官，再次名落孙山。

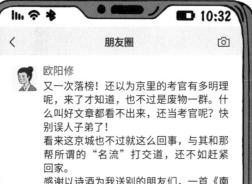

> **欧阳修**
> 又一次落榜！还以为京里的考官有多明理呢，来了才知道，也不过是废物一群。什么叫好文章都看不出来，还当考官呢？快别误人子弟了！
> 看来这京城也不过就这么回事，与其和那帮所谓的"名流"打交道，还不如赶紧回家。
> 感谢以诗酒为我送别的朋友们，一首《南征道寄相送者》送给诸位：
> 楚天风雪犯征裘，误拂京尘事远游。
> 谢墅人归应作咏，灞陵岸远尚回头。
> 云含江树看迷所，目逐归鸿送不休。
> 欲借高楼望西北，亦应西北有高楼。
>
> 汴京
>
> ♡ 郑氏,欧阳晔,张君房,刘半千
>
> 郑氏：你小子是不是又在考场犯浑了？
> 欧阳修回复郑氏：什么叫犯浑啊……我说真话难道有错吗？
> 欧阳晔：你啊，就不能让大人省省心吗？
> 欧阳修回复欧阳晔：我不觉得我有啥问题，是现在的考试制度有问题。
> 张君房：我觉得你该去拜访一些明白人，让人带带。
> 欧阳修回复张君房：我看朝里除了应天知府晏殊，也没什么明白人了。
> 刘半千：我觉得你没啥问题的，我这样的学问都能考中，你肯定没问题。

> 张君房，北宋岳州安陆（今属湖北）人，欧阳修朋友。

> 刘半千，欧阳修朋友，欧阳修曾写《送刘半千平阳簿》。

天圣八年（公元 1030 年），欧阳修终于老实点了。在汉阳知军胥偃的调教之下，欧阳修总算是正经写"流行文章"了。效果很明显：欧阳修由监元、解元，直至省元，三榜头筹，一时间风光无两，意气风发。终于，殿试来了……

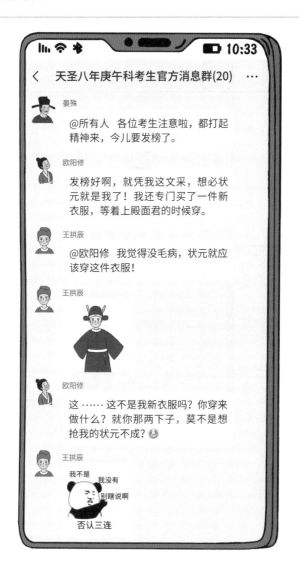

天圣八年庚午科考生官方消息群(20)

刘沆
你俩继续掐，我默默蹲个第二就行
……

孙抃
大佬们继续，那我蹲个第三好了。

蔡襄
默默看神仙打架，我就默默蹲在墙
角不敢说话……

蔡襄

张先
@蔡襄 墙角还有位置吗，给我留一
个！

陈希亮
你们啊，一点正经都没有，就这样
以后怎么为国出力？还蹲墙角，也
不怕墙塌了给你们拍死。

蔡襄
@陈希亮 我就没见过你这么不会聊
天的…… 🙂

陈希亮，字公弼，以严厉敬业和说话难听著称，曾是苏轼的直属领导，苏轼有《陈公弼传》记述他的一生。

晏殊

@所有人　大家都安静一下，我们要公布考试成绩了。

晏殊

具体排名如下：
状元：王拱辰
榜眼：刘沆
探花：孙抃
⋯⋯
第十名：蔡襄
⋯⋯
第十四名：欧阳修
⋯⋯

欧阳修

？？？

王拱辰

@欧阳修　看意思你这新衣服真灵啊，只不过让我穿了，哈哈哈！

张先

@蔡襄　你这墙角不错啊，往这儿一蹲就中进士哪！

陈希亮

@张先　严肃点，这种庄重的场合，不适合开玩笑。你看欧阳修那脸，都像茄子皮一样了，咱少说两句吧，省得他万一想不开再自杀喽⋯⋯

第二章　欧阳修：不断被「黑」的文坛领袖

哈哈哈！如果大宋词人有朋友圈·苏东坡和他的朋友们

10:37

< 　天圣八年庚午科考生官方消息群(20)　···

欧阳修
@陈希亮 ？？？

晏殊
@欧阳修 你加我私聊一下，我有事跟你说。

欧阳修
都第十四名了，还有什么可聊的？

晏殊
你……这孩子，会不会说话啊？我跟你讲，你这脾气以后可是要吃亏的！😡

欧阳修
好歹你也是我老师，什么胸怀啊！得，我加您私聊还不成吗？

陈希亮
@欧阳修 虽说你有才华吧，怎么这么不懂事啊？

欧阳修
姓陈的，你小子以后可别犯在我手里！

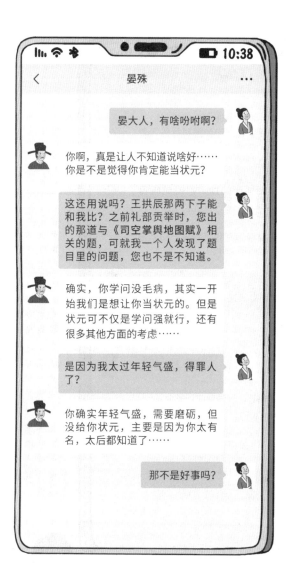

晏殊

晏大人，有啥吩咐啊？

你啊，真是让人不知道说啥好……你是不是觉得你肯定能当状元？

这还用说吗？王拱辰那两下子能和我比？之前礼部贡举时，您出的那道与《司空掌舆地图赋》相关的题，可就我一个人发现了题目里的问题，您也不是不知道。

确实，你学问没毛病，其实一开始我们是想让你当状元的。但是状元可不仅是学问强就行，还有很多其他方面的考虑……

是因为我太过年轻气盛，得罪人了？

你确实年轻气盛，需要磨砺，但没给你状元，主要是因为你太有名，太后都知道了……

那不是好事吗？

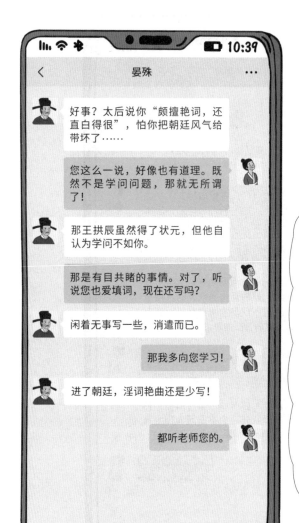

好事？太后说你"颇擅艳词，还直白得很"，怕你把朝廷风气给带坏了……

您这么一说，好像也有道理。既然不是学问问题，那就无所谓了！

那王拱辰虽然得了状元，但他自认为学问不如你。

那是有目共睹的事情。对了，听说您也爱填词，现在还写吗？

闲着无事写一些，消遣而已。

那我多向您学习！

进了朝廷，淫词艳曲还是少写！

都听老师您的。

天圣六年（公元 1028 年），欧阳修拜在胥偃门下，次年秋，欧阳修参加了国子监的解试。广文馆试、国学解试均获第一名，成为监元和解元。天圣八年（公元 1030 年），试礼部，晏殊担任主考官，欧阳修又列第一。三月，御试崇政殿，得甲科第十四名。据晏殊后来对人说，欧阳修未能夺魁，主要是锋芒过于显露，众考官欲挫其锐气，促其成材。

哈哈哈！如果大宋词人有朋友圈·苏东坡和他的朋友们

二、风流美少年

欧阳修终于考了个功名，当了个官，算是熬出头了。

"榜下择婿"是宋代高层的传统，尚未婚配的新科进士们在京城的婚恋市场上相当抢手。

年轻有为的欧阳修，很快被自己的老师胥偃捷足先登，选为了女婿。

婚礼之后，欧阳修很快就被授予官职，出任将仕郎、秘书省校书郎。

古人有人生四大喜事：久旱逢甘露，他乡遇故知，洞房花烛夜，金榜题名时。

欧阳修一下子就占了两件大喜事，可谓妥妥的人生赢家。

随着交往圈子的不断扩大，欧阳修结交了许多好友。大家一起吟诗作赋，风流潇洒，正是当时年轻人最真实的状态。

导读

　　虽然欧阳修没拿到状元，但第十四名也是个很不错的成绩了。不久后，他就和恩师胥偃的女儿订了婚，还拿到了朝廷的委任书。欧阳修接上自己的母亲，奔赴洛阳上任。

朋友圈　　　　　　　　　　10:50

欧阳修

洛阳真是个好地方，人杰地灵！来到洛阳之后，我时常去唐代宰相裴度所修的午桥庄溜达，每当看到那满园牡丹，我总会脑补出裴度当年与白居易、刘禹锡一起喝酒赏花的画面。

如今，我和梅尧臣的一唱一和，似乎也和当年差不多。我依旧记得第一次见梅尧臣那天，他逮了两条鱼乐坏了，我才闻声而寻过去认识他的。

洛阳

♡ 梅尧臣，钱惟演，张先，富弼，谢绛，尹洙，尹源

梅尧臣：老铁没毛病！🙏

钱惟演：怎么不提我呢，你小子没少喝我的酒。😊

张先：老同学的名字不配出现吗？😏

富弼：我老丈人可是你老师，我名字呢？😏

谢绛：作为"文章魁首"的我，不配有姓名吗？😏

尹洙：我弟弟说他想揍你！😜

尹源回复尹洙：哥，不是你说的吗，关我啥事……不过有一说一，我确实想揍他。😜

欧阳修：那个……惹不起，惹不起，我这不是得一个个回忆吗，都有机会出镜的。😊

1. 欧阳修后来在《书怀感事寄梅圣俞》中，提及多位当时一起喝酒游玩的朋友。

2. 天圣九年（公元1031年）三月，欧阳修抵达西京洛阳任推官。当时钱惟演为西京留守，对有才华的年轻人非常友好。其门下有尹洙、梅尧臣等名士，欧阳修与二人结为至交，互相切磋诗文，渐以文章名冠天下。

欧阳修在洛阳的日子里，每天政务之余，就和朋友们喝酒对诗。毕竟是风流才子，在那个年代，总是有机会认识一些歌伎舞娘……欧阳修也有相好的，而他的酒友最喜欢干的事就是和欧阳修开玩笑。

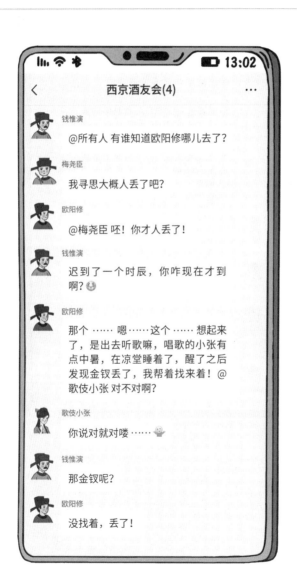

钱惟演

你这……行吧，我也不和你争了，你给这事儿写个词咋样？写完了让小张给唱一唱，我给她买个新的金钗。小张你觉得怎么样？

 欧阳修

唉，好吧，那我就写一首《临江仙》：
柳外轻雷池上雨，雨声滴碎荷声。
小楼西角断虹明。阑干倚处，待得月华生。
燕子飞来窥画栋，玉钩垂下帘旌。
凉波不动簟纹平。水精双枕，傍有堕钗横。
小张，看你了！

 歌伎小张

🔊 60″

 歌伎小张

可还满意啊？@钱惟演

 钱惟演

哈哈哈，满意！一会儿我让管家给你买个新钗子去。

 歌伎小张

感谢钱老板！

13:08

钱惟演

对了，前些时候我看到欧阳修还写了一首《踏莎行》，写得相当好，小张你也唱出来给我们听听吧！@欧阳修 赶紧发出来！

欧阳修

真服了你们！

候馆梅残，溪桥柳细，草薰风暖摇征辔。离愁渐远渐无穷，迢迢不断如春水。

寸寸柔肠，盈盈粉泪，楼高莫近危阑倚。平芜尽处是春山，行人更在春山外。

梅尧臣

果然是好词，情深意远，柔婉优美！尤其是这句"行人更在春山外"，恐怕在座诸位都无人能敌，只是不知道这词又是写给哪位美女的……

欧阳修

你们少调戏我，我就不能写给自己夫人吗？😏

《踏莎行·候馆梅残》被收入初中语文选修唐诗宋词读本，属于考点范围。另据学者陈尚君考证，欧阳修这首表达游子离愁的词作写于公元1033年暮春。

哈哈哈！如果大宋词人有朋友圈·苏东坡和他的朋友们

导读

　　欧阳修在洛阳的时光，日子过得还算舒服，但妻子胥氏却在产后身患重病，意外早亡。虽然他依旧在酒席间和人们谈笑风生，但明眼人都能看出来，欧阳修变得沉闷了一些，也不再出去和歌伎舞女们作词唱曲了。宋仁宗景祐元年（公元1034年），欧阳修任期一满就回京去了。

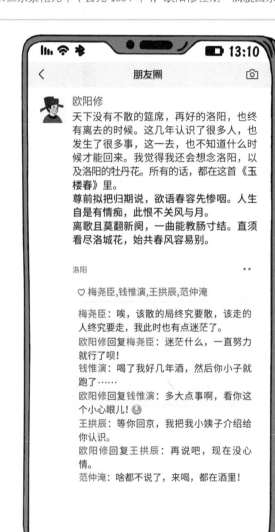

　　　　　　　　　　　　13:10

＜　　　　　　朋友圈　　　　　　📷

欧阳修
天下没有不散的筵席，再好的洛阳，也终有离去的时候。这几年认识了很多人，也发生了很多事，这一去，也不知道什么时候才能回来。我觉得我还会想念洛阳，以及洛阳的牡丹花。所有的话，都在这首《玉楼春》里。
尊前拟把归期说，欲语春容先惨咽。人生自是有情痴，此恨不关风与月。
离歌且莫翻新阕，一曲能教肠寸结。直须看尽洛城花，始共春风容易别。

洛阳　　　　　　　　　　　　··

♡ 梅尧臣，钱惟演，王拱辰，范仲淹

梅尧臣：唉，该散的局终究要散，该走的人终究要走，我此时也有点迷茫了。
欧阳修回复梅尧臣：迷茫什么，一直努力就行了呗！
钱惟演：喝了我好几年酒，然后你小子就跑了……
欧阳修回复钱惟演：多大点事啊，看你这个小心眼儿！😓
王拱辰：等你回京，我把我小姨子介绍给你认识。
欧阳修回复王拱辰：再说吧，现在没心情。
范仲淹：啥都不说了，来喝，都在酒里！

三、好难的老实人

妻子胥氏离世后，欧阳修好不容易走出悲痛再续弦，娶了杨氏夫人。可惜，婚后不到一年，杨氏也溘然长逝。

仕途上，他也是种种不顺。回京不久，他就因为支持范仲淹的革新运动而遭牵连，被贬到了夷陵当县令。

这是欧阳修第一次被贬，他初次尝到了政治斗争的冷酷无情。

这个性格直率的词人，实在太难了！

哈哈哈！如果大宋词人有朋友圈·苏东坡和他的朋友们

回京之后的欧阳修，运气着实有些差：第二任妻子婚后不到一年离世，仕途上因为性子太直屡屡受挫……

📶 🛜 ❋ ▭ 13:13

< 朋友圈 📷

欧阳修
我怀疑自己天生克妻，娶一个死一个……虽然我说不上有多好，但怎么也算重情重义，唉！
作一首《生查子·元夕》
去年元夜时，花市灯如昼。月上柳梢头，人约黄昏后。
今年元夜时，月与灯依旧。不见去年人，泪湿春衫袖。

汴京 　　　　　　　　　　··

♡ 范仲淹,吕夷简,梅尧臣,王拱辰,薛奎

范仲淹：这年头真难啊，你家里难，我朝上难。"废后风波"，吕夷简这老家伙急眼了，给我贬睦州去了……
欧阳修回复范仲淹：天底下还没有王法了吗？
吕夷简回复欧阳修：小子，我劝你老实！
欧阳修回复吕夷简：啧啧，又急眼了啊？吕相公好大胸怀啊！
王拱辰：你早就该听我的，把我小姨子娶了就没事了。
薛奎回复王拱辰：好女婿，其实我早就看上这小子了，你赶紧帮我拿下他！
欧阳修回复王拱辰：我就好奇你为啥天天念叨你小姨子……

1.废后风波：宋仁宗皇后为郭皇后，为刘太后专权时做主所选，却不得仁宗喜爱。后来因为郭皇后与仁宗喜爱的尚美人、杨美人发生争吵，误打了从旁劝阻的仁宗，仁宗勃然大怒，决定废后。范仲淹因为从旁劝阻，被贬外放，出守睦州。

2.欧阳修先后有三任妻子，原配夫人胥氏是他的恩师胥偃之女，两人在欧阳修考中进士的那年完婚。后来胥氏得病去世，欧阳修依照礼制娶了续弦的杨氏，即谏议大夫杨大雅之女，《生查子·元夕》即为思念杨氏之作。欧阳修后来娶了第三任夫人，即侍郎薛奎之女。

宋仁宗景祐三年（公元 1036 年），范仲淹因上《百官图》，批评时政，呼吁改革，冒犯了既得利益者，被贬至饶州。欧阳修写《与高司谏书》为他辩护，惹恼了谏官高若讷等人，因其谗言被贬到了峡州夷陵（今湖北宜昌）。

欧阳修

在夷陵吧，每天忙于政务，突然发现自己似乎很久没写词了。今日有空，写上一篇《玉楼春》，大家多多点赞哦！

雪云乍变春云簇，渐觉年华堪纵目。北枝梅蕊犯寒开，南浦波纹如酒绿。

芳菲次第长相续，自是情多无处足。尊前百计见春归，莫为伤春眉黛蹙。

夷陵

♡ 尹洙,梅尧臣,王拱辰,晏殊

尹洙：既然你闲着，还不如抽空把之前咱俩没完成的《十国志》给安排上。

欧阳修回复尹洙：我早就安排了，准备改名为《新五代史》。

梅尧臣回复欧阳修：连歌伎都没有，你还有心思词……谁唱啊？

欧阳修回复梅尧臣：我媳妇唱唱不行吗？

梅尧臣回复欧阳修：你媳妇不是去世了吗？

欧阳修回复梅尧臣：又结婚啦，王拱辰的小姨子。

晏殊：人生啊，总是有好多事情无法预料，习惯了也就好了。

欧阳修回复晏殊：太平宰相说这话有点假吧！

1. 欧阳修的第三任妻子是薛奎的四女儿，王拱辰的妻子是薛奎的三女儿。后来王拱辰妻子病逝，又续娶了薛奎的五女儿。欧阳修曾有"旧女婿为新女婿，大姨夫作小姨夫"的诗句调侃王拱辰。

2.《新五代史》，原名《五代史记》，欧阳修编撰，记载了自后梁开平元年（公元 907 年）至后周显德七年（公元 960 年）的历史，在中国史学史上，尤其是唐宋以后史学史上有着十分重要的地位。

第二章 欧阳修：不断被"黑"的文坛领袖

导读

宋仁宗康定元年（公元 1040 年），欧阳修终于又被调回了京城。先是复任馆阁校勘，编修《崇文总目》。庆历三年（公元 1043 年），出任右正言、知制诰，并参与范仲淹、韩琦、富弼等人推行的"庆历新政"。

> 13:15
>
> **朋友圈**
>
> **欧阳修**
> 我大宋建国虽只有八十余年，然冗官之弊已现！范仲淹、韩琦、富弼三公推出新政，意在限制冗官、整顿吏治，如果问我支持不支持，那我一定是支持的。
>
> 庆历新政
> 一、澄清吏治
> 明黜陟 抑侥幸
> 择长官 均公田
> 精贡举
> 二、富国强兵
> 厚农桑 修武备 减徭役
> 三、厉行法治
> 重命令 推恩信
>
> 汴京
>
> ♡ 范仲淹,梅尧臣,韩琦,蔡襄,王素,余靖
>
> 蔡襄：支持+1。
> 王素：支持+1。
> 余靖：支持+1。
> 富弼：感谢老铁们站台！
> 韩琦：感谢老铁们站台！
> 范仲淹：如果还有支持新政的，请双击点赞666！
> 欧阳修回复范仲淹：咋还跑我评论区刷广告来了……😂

蔡襄、王素、余靖，与欧阳修同为谏官，支持新政。

庆历三年（公元 1043 年），范仲淹、韩琦、富弼等人推行"庆历新政"，欧阳修参与革新，提出了改革吏治、军事、贡举法等主张。

宋仁宗庆历五年（公元 1045 年），"庆历新政"失败，范仲淹、韩琦、富弼等相继被贬，欧阳修上书为他们辩护，遭到政敌的无耻攻击：先是说他有道德问题——与外甥女有染，经过调查证明了欧阳修的清白之后，政敌又转说他有经济问题。经此一闹，欧阳修最终被贬到了安徽滁州。

📶 🛜 ✳ **13:16**

< 朋友圈 📷

欧阳修
那些小人，政治上打不倒我，便试图从道德上、经济上攻击我，真无耻！
但我不怕，即便被贬至滁州，我也能做出惊天动地之事。一篇《醉翁亭记》，当能流传后世！

> 范仲淹的《岳阳楼记》与欧阳修的《醉翁亭记》，均作于公元 1046 年。

滁州　　　　　　　　**..**

♡ 范仲淹,梅尧臣,韩琦,蔡襄

范仲淹： 好样的，你跟我一样，是打不倒的"纯爷们儿"！

梅尧臣： 好一个"醉翁之意不在酒，在乎山水之间也"，这文章写得太好了，绝对 10W+！

> 10W+，当今网络用语，指微信公众号文章阅读量达到 10 万以上。爆文，也指自媒体平台阅读量很高的热门文章。

韩琦： 是啊，说不定咱还得感谢那些小人，你要是不被贬到滁州，我们哪里能看到这么好的文章！

欧阳修回复韩琦： 老韩你的意思是我不被贬就写不出好文章吗？

范仲淹回复欧阳修： 你还别说，被贬真能写出好文章，我最近也在写一篇《岳阳楼记》，感觉就有"爆文"的潜质！

第二章　欧阳修：不断被"黑"的文坛领袖

四、醉翁之意

　　至和元年（公元 1054 年）八月，已经在京做了高官的欧阳修，又遭受诬陷被贬。朝内大臣纷纷上奏仁宗皇帝，想要把他留下来修《新唐书》，皇帝答应了。

　　就这样，欧阳修做了翰林学士，开始修撰史书。与宋祁同修《新唐书》，又自修《新五代史》。

　　欧阳修到了不需要往死里拼的年纪，他现在有工夫做很多事：比如修修史书啊，比如写写诗文歌赋啊，又比如种种花、养养草啊。

　　虽然有时候还做点其他事，但很显然，他的主要精力都放在了学术研究上。他想在死之前，给人们多留点东西。

滁州任满后的几年，欧阳修被调任到了挺多地方。虽然不太讨上级领导欢心，但欧阳修的名声在地方上却积累得不错。终于，朝里看他在地方上做得不错，把他再次调回京里。

 欧阳修

我这个人脾气可能确实有点不太好，都年过半百的人了，天天还那么大火气……看来我修《新五代史》和《新唐书》也没能压住我这暴脾气。不过也并不算太坏，好歹我现在也当了主考官，挖掘了不少人才。我也考过试，深知科举弊端，但愿我的科举改革可以为大宋的未来铺平垫稳。

汴京

♡ 梅尧臣，苏轼，苏洵，苏辙，曾巩，王安石，程颢，张载

梅尧臣：钱惟演要是还活着，非得宰了你这个粉碎西昆体浪潮的造反派。🤭

欧阳修回复梅尧臣：哈哈哈！

苏轼：谢谢欧阳公的栽培与鼓励！

欧阳修回复苏轼：有学问永远不会被埋没的，不用谢我。

苏洵：要是没有您助攻，我和俩儿子也不见得就有现在这么好的名次。

欧阳修回复苏洵：别瞎说啊！搞得跟我帮你们作弊似的！😓

曾巩回复苏轼：你之前写的那篇《刑赏忠厚之至论》，我老师还以为是我写的哈哈哈！

王安石：改革好啊！我也想跟着范仲淹的脚步，继续变法！看来可以从这一群人里头找助手了。😏

1. 嘉祐二年（公元1057年），在欧阳修的科举改革之下，科举考试发掘出了很多人才，被称作"千年科举第一榜"，那届进士榜中入《宋史》的有23人，做到宰相的有9人。其中，苏轼、苏辙、曾巩名列"唐宋八大家"，张载、程颢是著名理学大家，章惇、邓绾、吕惠卿、曾布是王安石变法的核心人物。

2. 宋仁宗时期，欧阳修、范仲淹、尹洙等人发起了诗文革新运动，要求文学反映现实，戒浮华，矛头直指以钱惟演为代表的西昆体。

3. 西昆体是北宋初年一个追求辞藻华美、对仗工整的诗歌流派，崇尚精巧繁缛的诗风，追求巧妙的用典、对仗的工整、音节的和婉。

第二章 欧阳修：不断被"黑"的文坛领袖

导读

在科举改革之后不久，欧阳修继包拯之后做了开封府知府，后来从礼部侍郎、枢密副使，一直到参知政事（副宰相）。那时，韩琦为宰相，包拯在枢密院，司马光在谏院，再加上欧阳修，宋朝官场阵容可以说辉煌至极。可当仁宗落幕，英宗上位，朝内再次暗流涌动，终于看透一切的欧阳修，想撤了。

欧阳修

这些年来，我做了不少事，编了《新五代史》和《新唐书》，散文能写《醉翁亭记》，文赋能写《秋声赋》，官至参知政事，门生无数，我想我还算是个比较厉害的人。

可我毕竟年纪大了，很多时候总觉得力不从心。连梅尧臣也先我一步走了，或许我应该放下那些牵绊，早早离开纷乱的朝堂，过一过养老的日子。

汴京

♡ 苏轼,韩琦,刘瑾,王安石

苏轼：唉，我父亲也去世了……

欧阳修回复苏轼：可惜啊！你父亲文才真好，堪比司马相如和扬雄，然而还未曾施展开，便早早离去。

韩琦：你可不能去养老啊！我还指着你给我打助攻呢！

欧阳修回复韩琦：助啥攻啊，都一把年纪了。像富弼这种，一个脚指头都比我脑袋大，我咋打？😓

刘瑾：姓欧阳的，赶紧跑不是啥坏事。听说你又有花边新闻？这传出去怕是辞官的机会都没啦！

欧阳修回复刘瑾：你们这是一派胡言！天天用谣言来抹黑我有意思吗？

王安石：您可不能走啊！

欧阳修回复王安石：我这么大岁数留着也没啥用了。

公元 1067 年，欧阳修再次被人诬陷存在道德作风问题。一时间满城风雨，众说纷纭。政敌纷纷以此弹劾欧阳修。欧阳修心力交瘁，有了隐退之心。

宋英宗治平四年（公元 1067 年），欧阳修离开了京城。虽然那些中伤他的谣言被一一粉碎，但官场的钩心斗角，让欧阳修彻底心寒了。在颍州晃了几年，扩了扩自己当年买的房产地业，他终于决定彻底归隐了。

 欧阳修

我在退休前，给自己起了个号叫"六一居士"。有人问我啥意思，我说我家有藏书一万卷，集录三代以来金石遗文一千卷，有琴一张，有棋一局，常置酒一壶，还有我这么一个老头，加起来就是六个"一"，可不就是"六一居士"了。我年纪大了，顾不得许多东西了，就喝喝酒，作作曲，多好！给大家看一首我的新词：

采桑子

轻舟短棹西湖好，绿水逶迤，芳草长堤，隐隐笙歌处处随。

无风水面琉璃滑，不觉船移，微动涟漪，惊起沙禽掠岸飞。

颍州

♡ 王安石，苏轼，皇帝-赵顼，韩琦

王安石：您觉得我最近实施的变法怎么样？

欧阳修回复王安石：你这个变法啊……

苏轼：看来颍州的西湖也不错啊，过一阵子我去看看您？

欧阳修回复苏轼：好！我温好酒等着你，哈哈哈！你小子以后肯定是个人物。😂

苏轼回复欧阳修：您真幽默……😂

皇帝-赵顼：欧阳老，回来当宰相啊！

欧阳修回复皇帝-赵顼：不去！

韩琦：翅膀硬了，官家喊你当宰相你都不去。😊

欧阳修回复韩琦：别在这儿虚伪，万一我比你早死，记得给我写墓志铭！

1. 宋神宗熙宁年间，王安石发动变法，旨在改变北宋建国以来积贫积弱的局面，影响深远。

2. 欧阳修在颍州写下了大量关于颍州和颍州西湖的诗词作品，其中《采桑子》词就有十首，而以这首《采桑子·轻舟短棹西湖好》最为出名，被收入初中语文教材，属于考试范围。

第二章 欧阳修：不断被"黑"的文坛领袖

宋神宗熙宁五年（公元 1072 年），欧阳修在家中安详去世。后获赠太子太师，谥号"文忠"。再后来，欧阳修还被特赠太尉和太师，追封国公。

欧阳修去世的消息很快传遍全国，韩琦、曾巩、王安石、苏轼等诸多故旧门生全都悲伤万分，神宗皇帝更是为他辍朝一天。

欧阳修的一生，看起来好像没有什么经天纬地的大事，但他确实是当时当之无愧的文坛领袖。

文章上，欧阳修跟着韩愈的"古文运动"步伐，领导了北宋诗文革新运动，开创了一代文风。

而在诗词上，虽然看似还是残唐五代的老路，但他也有不少革新。按着李煜的抒情路线，尽可能抒发自己的人生感受，同时也像柳永一样，让诗词变得更流行、更通俗化。

欧阳修在其他方面，依旧有着很多巨大的贡献，比如：参加修订《新唐书》，自撰《新五代史》，撰写了中国现存最早研究石刻文字的专书《集古录跋尾》。经农学上有《洛阳牡丹记》，谱学上还有《欧阳氏谱图序》……

简言之，若用两个字概括欧阳修，必然是"全才"。

再看"唐宋八大家"中，宋代五家均出自欧阳修门下，被称作

"千年科举第一榜"的嘉祐二年科举，主考官也是欧阳修……在人才发掘上，即便不说欧阳修是北宋第一人，也差不太多了。

欧阳修的一生，远没有李白那么激情澎湃，也没有杜甫那么跌宕起伏。但欧阳修曾放过豪言，他一生中最满意的那首《和王介甫明妃曲二首（其一）》，即便是李杜也写不出来。

> 胡人以鞍马为家，射猎为俗。
>
> 泉甘草美无常处，鸟惊兽骇争驰逐。
>
> 谁将汉女嫁胡儿，风沙无情貌如玉。
>
> 身行不遇中国人，马上自作思归曲。
>
> 推手为琵却手琶，胡人共听亦咨嗟。
>
> 玉颜流落死天涯，琵琶却传来汉家。
>
> 汉宫争按新声谱，遗恨已深声更苦。
>
> 纤纤女手生洞房，学得琵琶不下堂。
>
> 不识黄云出塞路，岂知此声能断肠！

如此豪情万丈但又心忧天下的全才，一生赤胆忠心的文坛领袖，欧阳修是当之无愧的北宋文坛铺路人。倘若没他的存在，北宋文坛或许真的会塌下半边天，又或者根本不仅仅是北宋。

千年之后的人们，依旧在读着他的文赋，背着他的诗词，研究着他留下的那些文化遗产。或许，这才是他这一生最伟大的意义。

第三章

王安石：北宋第一「钢铁直男」

王安石

朝代 北宋

职务 翰林学士兼侍讲

身份 政治家、思想家、文学家

字 介甫

号 半山

籍贯 今江西抚州

如果要给王安石贴标签，大家会想到什么呢？

政治家？改革家？思想家？散文家？诗人？词人？

都合适。

但如果从性格上来讲，我更愿意称他为"北宋第一钢铁直男"。

钢铁直男最突出的特点是，不会拐弯抹角，一根筋到底，一条道到黑。

王安石外号"拗相公"，性子执拗，不知转圜，打定主意绝不更改。

熙宁变法、新旧党争……他敢说，敢做，也敢当。他的改革让无数人拍手称快的同时，也让无数人咬牙切齿。但无论遭受多少非议，他的志向从来没有更改。

"天变不足畏，祖宗不足法，人言不足恤。"

"当世人不知我，后世人当谢我。"

王安石的一生远比我们所想象的更加精彩。一个人站在历史的风口浪尖上，当汹涌的浪潮重重打来，不是被埋没在长河里，就是成为"千古风流人物"。王安石属于后者。

王益 —— 父亲
吴氏 —— 母亲
王安仁 王安道 —— 兄弟
欧阳修 范仲淹 —— 师长
吕惠卿 —— 叛徒
韩琦 文彦博 —— 领导
曾巩 周敦颐 宝觉禅师 韩绛 杨德逢 秦观 —— 朋友
苏轼 司马光 郑侠 —— 对头

王安石

一、不一样的神童

公元 1021 年，王安石出生于抚州临川（今江西抚州）一个官宦家庭，其父王益任临川军判官。

俗话说得好，"出名要趁早"！

王安石可是这句俗语最好的诠释者，打小就是神童，有过目不忘、下笔成文的本事。

稍稍长大了些，他又随着父亲到处宦游，见惯了名山大川，也深刻地体会到了民间疾苦。

读的是万卷书，行的是万里路，仅这一点，就让王安石在思想上比同龄人高出不少。

小小的胸怀间有大大的志向，他早早就树立了"为大宋之崛起而读书"的伟大梦想。

他爹肯定不会想到，小时候被誉为神童的王安石，以后会掀起一场多大的风波……

宋仁宗天圣四年（公元 1026 年），当别人家孩子还在到处瞎跑玩泥巴时，王安石已然是当地赫赫有名的神童了。

 王益

我家安石可真是争气啊，虽然年少，可那文采真的是棒棒的，过目不忘、下笔成文，比他两个哥哥不知道强到哪里去了！虽然我进士出身，也做了个官，但我觉得安石这孩子长大了肯定比我有出息。说不定，再过个千百年，后人们提起我王益的主要成就，会说是"生了王安石"。😏

临川　　　　　　　　　　　　　··

♡ 吴氏,王安仁,王安道

吴氏：咱家孩子肯定有出息啊，都是你教育得好。
王益回复吴氏：你看你说的，你不也是又通历史又晓阴阳的。
王安仁：爹，你可不能为了夸老三把我骂了啊……😂
王益回复王安仁：我是你爹，我想骂谁骂谁！
王安道：爹，你可不能为了夸老三一骂就骂俩啊……😂
王益回复王安道：骂你了又怎么样？老子骂儿子天经地义。

《宋史》记载："安石少好读书，一过目终身不忘，其属文动笔如飞，初若不经意，既成，见者皆服其精妙。"

导读

宋仁宗明道二年（公元 1033 年），十多岁的王安石随父亲回金溪（今江西省抚州市金溪县）探亲，在舅舅家遇到了当地神童方仲永，对，就是我们语文课本里《伤仲永》那篇文章的主人公。

王安石《伤仲永》："明道中，从先人还家，于舅家见之（方仲永），十二三矣。令作诗，不能称前时之闻。"

‖l· 📶 ✳   ▬ 15:35

‹   朋友圈   ⊙

王安石
总算是可以随父亲回老家了，路上去看望舅舅，你们猜我见到谁了？方仲永！那个生下来五年一个字没读过却突然会写诗的方仲永！史诗级神童方仲永！
从小就听人们说方仲永的故事，如今终于见到他了。看着十二三岁的方仲永，我心里生出一股无力感，虽然人们说我是神童，可我和他怎么比啊……
但是当他作起诗来，我一下子就笑了。什么神童啊，都是胡扯，还不如我写的诗好呢。

金溪   ··

♡ 王益,舅舅,方仲永

王益：想当初，方仲永也是远近闻名的神童啊，如今怎么成这样了……
舅舅回复王益：都怪他爹，天天逼他写诗赚钱，到处去做商演……
王益回复舅舅：唉，天生的才华，却毁于后天，真是可惜。

看过了方仲永的悲剧，王安石和父亲王益都意识到了急功近利的危害。幸好，王安石并没有和方仲永一样的父亲。宋仁宗景祐四年（公元1037 年），他随父进京，即将迎来不一样的人生。

王安石
转眼间，我都长大成人了，自然就该去做点有意义的事情。这次随父入京，希望能让自己长长见识，多学习学习，准备一下未来的考试。吃老本是不行的，再聪明也没用，必须得让自己不断进步才行。

♡ 王益,曾巩,欧阳修

王益：踏踏实实学习，考个功名，从基层一点点积累，这才是正道。

王安石回复王益：您说得对，我肯定是要走正道的。

曾巩：年纪轻轻就有如此觉悟，可以说是非常棒了。我准备把你推荐给我老师，他老人家就喜欢你这种实在人。

王安石回复曾巩：你不也就比我大两岁嘛。

欧阳修：好一个王安石啊，我听曾巩说你好几次了，你小子是个可造之材！

王安石回复欧阳修：欧阳公抬举啦！

《宋史·王安石传》："友生曾巩携以示欧阳修，修为之延誉。"在京期间，王安石以文结识好友曾巩，曾巩向欧阳修推荐其文，大获赞赏。

二、拒绝当大官

王安石长大了，考了功名，当了官。

按理说，年纪轻轻就考中进士，少年英才，前途可谓一片光明。可王安石当官的过程，似乎并不是很顺畅。他这人啊，脾气太拗了。说好听点吧，是品性耿直；说不好听了，就是有点缺心眼、一根筋、不识抬举。

在当时的官场上，成群结队抱团，各种拉关系、走捷径，都是寻常。可王安石偏偏"不走寻常路"。上司要抬举他，他一口拒绝；同事要拉拢他，他理都不理人家。他宁愿从基层做起，深入民间，知道老百姓为什么忧、因何事愁，放着大官不做，从芝麻小官做起。这样的他，确实有点傻，却傻得可爱，傻得天真，傻得令人忍不住要为他竖起大拇指。

导读

　　庆历二年（公元 1042 年），王安石科举考得第四名，当上了签书淮南节度判官厅公事。虽然此时的他还只是个官场菜鸟，但没有人敢轻视这个新人。毕竟，要不是因为仁宗皇帝嫌他文章口气太大，王安石早就是状元了。可尽管如此，能真正理解他的人，却实在不多。

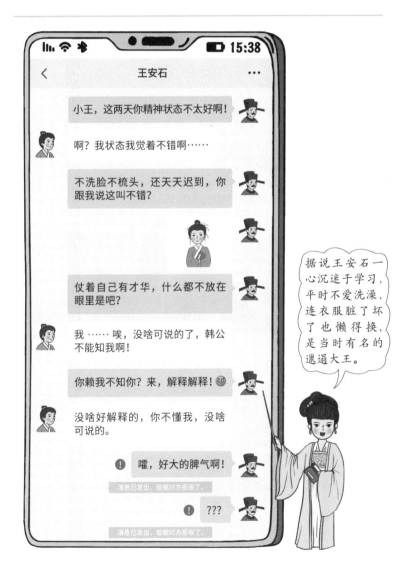

导读

淮南任满后，王安石放弃了去京城入馆阁的机会，调到了鄞县（今浙江宁波）做知县。在任四年，王安石兴修水利、扩办学校，为当地民众做了许多实事。

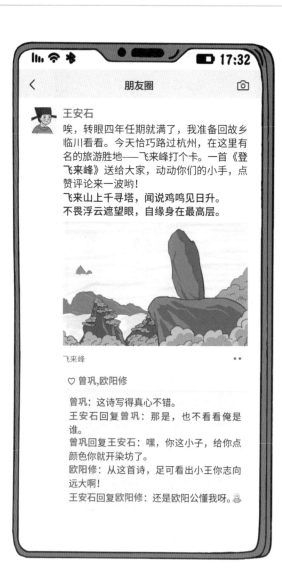

在基层待了四年，按理说王安石也摸清楚门道了，该进京了。然而，这家伙也不知道怎么就这么轴，死活不进京，还要继续待在基层，直接跑去了舒州（今安徽潜山）。像王安石这种，铆足了劲要从基层开始，拒绝任何捷径，一步一个脚印走到巅峰的人，或许真的不多了。

大宋一家人(20)

王安石
> 母亲年纪大了，去不成。

欧阳修
> 你……唉！对了！你得赡养母亲，所以得多挣钱才行。我保你做个群牧判官，多拿点钱，怎么样？

王安石
> 不去！

欧阳修
> 怎么又不去啊？

王安石
> 我……算了，我也不瞎编理由了，就是不想去，打死也不去！

韩琦
> 你们看，我早就说这小子脑子有毛病……😄

周敦颐
> @王安石 我这几天也要回京述职了，约一下啊！

王安石
> 好啊！早闻周兄之名未曾得见，这次一定得见见。🙏

1.《宋史·文彦博传》："（文彦博）荐张瑰、韩维、王安石等恬退守道，乞褒劝以厉风俗。"宰相文彦博以王安石恬淡名利、遵纪守道向仁宗举荐，请求褒奖，王安石以不激起越级提拔之风为由拒绝。

2.欧阳修举荐王安石为谏官，王安石以母亲年高推辞。欧阳修又以王安石须俸禄养家为由，任命他为群牧判官，王安石仍是拒绝。

3.不久，王安石出任常州知州，得与周敦颐相知，声誉日隆。

三、朝野震动的大变法

做了多年地方官，深入了解了民间疾苦的王安石，终于从民间这所"大学"毕业。少年时"为大宋之崛起而读书"的梦想，王安石并没有忘记。

大宋建国已近百年，繁荣的表皮下，是"冗官、冗兵、冗费"下的"积贫积弱"。在王安石看来，帝国急需一场酣畅淋漓的变法，扭转国家衰弱的局势。

"熙宁变法"遂因时因势而生。这是一场以挽救宋朝政治危机为目的，以"理财""整军"为中心，涉及政治、经济、军事、社会、文化等各个方面的规模巨大的变革。

变法的初衷是好的，变法的举措亦可圈可点，但最终，这场变法却在实际推行中，与王安石的初衷背道而驰。天时、地利、人和，任何一环的欠缺，都会导致整场变法的失败。

那么王安石的变法，又究竟失败在哪儿呢？让我们往下看。

导读

　　嘉祐三年（公元 1058 年），王安石被调为度支判官，进京述职。一直扎根一线，看遍了民间疾苦的王安石，觉得有些旧东西该变一变了。一封写给仁宗皇帝的万言书，拉开了变法的序幕。

王安石

我在基层待了挺多年，如今已是年近四十的大叔了。曾经有很多次机会留在京里，可我一直没留，我想踏踏实实地看看，真实的社会到底是什么样。现在我看明白了，我们所生活的时代，并没有想象中那么好：经济困窘，社会风气败坏，国防安全堪忧。所以，大宋此时必须要改革！

汴京

♡ 皇帝-赵祯,欧阳修,韩琦,苏轼

皇帝-赵祯：我觉得吧，变法这事不着急，咱得慢慢来。

王安石回复皇帝-赵祯：唉，您都说不急了，我着急也没用啊……

欧阳修：小王啊，你这变法的想法还是太过激进了。

王安石回复欧阳修：这怎么能叫激进呢？我这是为了大宋江山和百姓啊！

韩琦：你小子能不能有点正事儿？净搞没用的！

王安石回复韩琦：当初支持新政是你，现在反对变法又是你，你官大你就了不起啊？😏

韩琦回复王安石：是啊！官大就是了不起！😏

王安石变法的主张，并未得到宋仁宗的采纳。此后，朝廷多次委以馆阁之职，都被他推辞了。

哈哈哈！如果大宋词人有朋友圈·苏东坡和他的朋友们

王安石的变法并没有被仁宗皇帝认可，但依旧惹怒了很多人。所以，仁宗驾崩、英宗上位后，王安石仍以为母守丧为借口，屡次拒绝入朝。直到久慕王安石大名的神宗皇帝继位，王安石才真正开始了他的变法之旅。熙宁二年（公元 1069 年），王安石任参知政事，开始了他的变法大计。

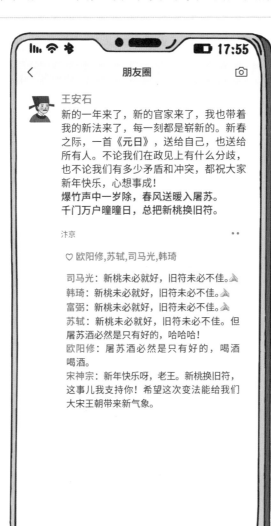

导读

　　王安石变法之初，似乎一切都在往好的方向发展，王安石并不知道，未来将会有多少困难在等着他。此时此刻，他满怀一腔热血，想用新法让大宋成为一个万古不朽的超级王朝。

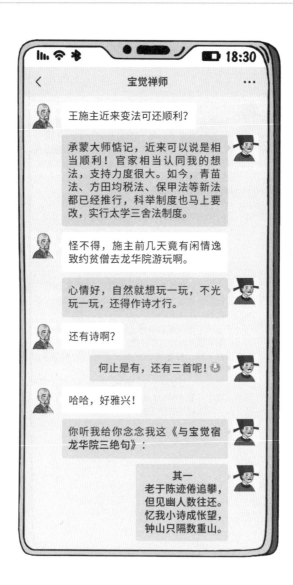

其二
世间投老断攀缘，
忽忆东游已十年。
但有当时京口月，
与公随我故依然。

其三
与公京口水云闲，
问月何时照我还。
邂逅我还还问月，
何时照我宿金山。

大师您看这诗怎么样？

我觉得这里有两句非常棒啊！
"钟山只隔数重山"和"问月何
时照我还"两句你要是单独摘出
来弄一首诗，我觉得肯定流传千
古！

哈哈哈，您太捧啦！不过这两句
我也喜欢，回头找机会单独摘出
去，放首好诗里用一用！

王安石后来写了
一首名诗《泊船
瓜洲》，正是对
这两句的化用，
全诗如下：
京口瓜洲一水
间，钟山只隔数
重山。春风又绿
江南岸，明月何
时照我还？

然而，轰轰烈烈的变法虽然有神宗皇帝的支持，但反对者却也是极多。以王安石为首的新党和以司马光、欧阳修、苏轼等为首的旧党，剑拔弩张。

王安石

我没有，你别瞎说啊！

苏辙

@王安石 我就是被你贬黜出京的！

范镇

@王安石 我就是被你贬黜出京的！

赵顼

安石也是为国家天下计，你们要理解他啊。@司马光 我知道你之前与王安石因为变法问题闹得不可开交，但你已经上书反对过变法了，现在又何必再辞官呢？

司马光

老臣想回洛阳编《资治通鉴》。

王安石

编撰《资治通鉴》也是不世之功，我觉得挺好。

赵顼

唉，也罢…… @欧阳修 王安石可是你一手提携的，你不会也因为反对他而辞职吧？

欧阳修

老臣年迈，行将就木……

王安石

@赵顼 官家，欧阳公之前对抗中央，拒绝在辖地施行青苗法，我感觉他辞了也好，再说他确实年纪也大了，也该颐养天年了。

富弼

对抗中央？好大的帽子！我也拒绝在我管辖的地方施行新法，你莫不是也要给我扣一个"对抗中央"的帽子？

赵顼

@富弼 卿家，你与@韩琦 都是三朝元老，并且都参与过当年的"庆历新政"，为什么这次就不支持变法改革了呢？

韩琦

"庆历新政"是改革图强，这次变法，依老臣看，王安石是要变天啊！

富弼

是啊，王安石是要把老祖宗的一套都抛弃，岂能与"庆历新政"相提并论！

王安石

天变不足畏，祖宗不足法，人言不足恤！

大宋朝线上工作群(20)

20:28

吕惠卿

对，天变不足畏，祖宗不足法，人言不足恤！

富弼

官家您看，王安石自负、执拗如此，我们三朝元老，也只好回家养老去了。

赵顼

这……@苏轼 你正当壮年，莫不是也要去养老？

苏轼

您懂的。

赵顼

懂什么？我是收到了你批评新法的折子，但没说要贬你。

苏轼

那个……我是听说杭州风景不错，如果可以的话……

王安石

杭州通判的位子好像还空着，我觉得挺适合你。@苏轼

熙宁变法期间，一大批老臣、重臣因为反对新法，或被贬，或主动辞官、外调。其中包括御史中丞吕诲，谏官范纯仁，三朝元老富弼、韩琦，一代文豪欧阳修，名相司马光，以及苏辙、苏轼、范镇等。

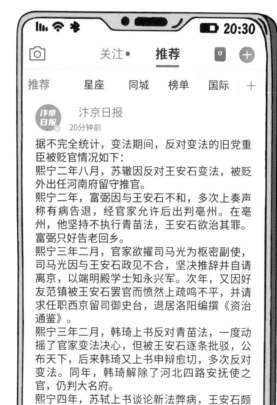

据不完全统计，变法期间，反对变法的旧党重臣被贬官情况如下：

熙宁二年八月，苏辙因反对王安石变法，被贬外出任河南府留守推官。

熙宁二年，富弼因与王安石不和，多次上奏声称有病告退，经官家允许后出判亳州。在亳州，他坚持不执行青苗法，王安石欲治其罪。富弼只好告老回乡。

熙宁三年二月，官家欲擢司马光为枢密副使，司马光因与王安石政见不合，坚决推辞并自请离京，以端明殿学士知永兴军。次年，又因好友范镇被王安石罢官而愤然上疏鸣不平，并请求任职西京留司御史台，退居洛阳编撰《资治通鉴》。

熙宁三年二月，韩琦上书反对青苗法，一度动摇了官家变法决心，但被王安石逐条批驳，公布天下，后来韩琦又上书申辩愈切，多次反对变法。同年，韩琦解除了河北四路安抚使之官，仍判大名府。

熙宁四年，苏轼上书谈论新法弊病，王安石颇感愤怒，让御史谢景在官家面前陈说苏轼的过失，苏轼于是请求出京任职，被授为杭州通判。

熙宁二年，欧阳修对青苗法有所批评，且未执行。熙宁三年，除任检校太保、宣徽南院使等职，坚辞不受，改知蔡州。熙宁四年六月，以太子少师的身份辞职。居颍州。熙宁五年闰七月，在家中逝世。

经过几年的折腾，王安石得罪光了朝中能得罪的人，甚至惹怒了太后。终于，王安石被罢相，降职为江宁知府。

朋友圈

📷

王安石

唉，本以为变法能让咱大宋朝变得更好，可谁曾想到，几年折腾下来，整个朝廷却被我和新法折腾得更乱了。我想救的是这天下，可朝上就没人容我，我又能怎么办呢？

江宁也好，汴京也罢，我王某人一腔热血，上对得起皇天，下对得起后土，中间对得起天下百姓，我问心无愧！既然到了江宁，就有必要写点什么记录下我的人生路程，正如这首《桂枝香·金陵怀古》：

登临送目，正故国晚秋，天气初肃。千里澄江似练，翠峰如簇。归帆去棹残阳里，背西风，酒旗斜矗。彩舟云淡，星河鹭起，画图难足。

念往昔，繁华竞逐，叹门外楼头，悲恨相续。千古凭高对此，谩嗟荣辱。六朝旧事随流水，但寒烟衰草凝绿。至今商女，时时犹唱，后庭遗曲。

♡ 韩绛,郑侠,吕惠卿,司马光,苏轼

韩绛：我还和官家说不能让你走，他不听……
王安石回复韩绛：顺其自然吧，不用多琢磨。
郑侠：不是我们不容你，现在是民不聊生啊！《流民图》了解一下。
王安石回复郑侠：一切都需要一个过程啊，你们怎么都看得这么短浅呢？
吕惠卿：你放心去吧！朝里有我，我一定把变法坚持到底！
王安石回复吕惠卿：可我咋听我弟弟安国说你天天找他别扭呢？
司马光：我跟你说了多少次变法的弊端，你就是不听。

1. 熙宁七年春，天下大旱，饥民流离失所。监安上门郑侠绘制《流民图》献给神宗，上疏论新法过失，力谏罢相王安石。再加上曹太后、高太后、群臣等哭诉变法之害，神宗对变法也终于产生了质疑，罢了王安石的宰相职位，调任吏部尚书、观文殿大学士，知江宁府。

2. 《司马光砸缸》的故事家喻户晓，讲的是北宋政治家、文学家司马光儿时砸缸救人的故事。

3. 王安石被罢相后，奏请神宗让吕惠卿任参知政事。吕惠卿掌握大权后，却担心王安石回朝抢了他的权位，于是借着办理郑侠案件的机会陷害王安石的弟弟王安国。

第三章 王安石：北宋第一「钢铁直男」

四、英雄落幕

变法终究还是失败了。

一项本是怀着美好初衷的改革，最终却惹得民怨沸腾、朝臣争议，惨淡收场。时也？命也？也许都有。

变法从来不易，毕竟是要毁坏祖宗旧制，并触动利益集团。而王安石之所以失败，更在于他的变法之心太切，他太想在有生之年见到变法的成果，见到百姓享受到变法所带来的福利了。可他却忘了"欲速则不达"，个人的小的处事是这样，国家的大的变革也是这样。

如果能重来，王安石的变法或许真的能延长宋朝的国运。可惜没有如果，从来就没有不朽的王朝，就如同从来就没有不会老去的人，唯有历史永恒。

王安石被罢相后，接班人吕惠卿虽然依旧在变法，但因喜好权势，怕王安石再次回朝，便不遗余力地想办法陷害王安石的熟人。韩绛意识到了事情不对，立即密告神宗皇帝此事，请求召回王安石。熙宁八年（公元 1075 年），王安石二度拜相。

王安石
唉，马上又要回京了……这一顿折腾啊，也不知是好事还是坏事。
变法也好，不变法也罢，终究还是为了天下的。可某些同志（不点名字了）干的事着实有点丢人。怕我老王回来，就借着郑侠案的幌子去迫害我弟弟，让他丢了官职，因病亡故，这事一点都不光荣。
以前总想着汴京，如今要回去了，却开始想着江宁。今夜船停于瓜洲休整，不禁心有所感。想起当年和宝觉禅师聊的诗，我决定抄一抄自己，作一首《泊船瓜洲》：
京口瓜洲一水间，钟山只隔数重山。
春风又绿江南岸，明月何时照我还？

瓜洲

♡ 吕惠卿,韩绛,苏轼,司马光

吕惠卿：我那怎么叫迫害呢？我只是怀疑他和郑侠有关系……
韩绛回复吕惠卿：破案了！原来那个同志就是你啊？😂
苏轼回复吕惠卿：破案了！原来那个同志就是你啊？😂
司马光回复吕惠卿：破案了！原来那个同志就是你啊？😂
司马光回复吕惠卿：这可不是我说的啊，你自己承认的……

1.《宋史》："安石以安国之故，始有隙。惠卿既叛安石，凡可以害王氏者无不为。"
2. 前文有提到，王安石曾作《与宝觉宿龙华院三绝句》，其三云：
与公京口水云闲，问月何时照我还。
邂逅我还还问月，何时照我宿金山。

导读

复任后，王安石发现一切都变了。他不在的这段时间，变法派内部分裂极度严重，对外也很难得到更多支持，新法也很难继续推行下去了。王安石知道，大局已成，他已然无力回天，便辞去宰相之职，再次回到了江宁。

王安石

在官场上死磕了大半辈子，总觉得自己可以改变世界。然而有时候仔细一琢磨，改变世界又谈何容易？既然做不了啥，还不如早早离开官场浮沉，踏踏实实回到地方上，就像年轻时那样，做点有趣的事情……比如，写个曲子。

作了一首《千秋岁引》，希望大家喜欢吧！

别馆寒砧，孤城画角，一派秋声入寥廓。东归燕从海上去，南来雁向沙头落。楚台风，庚楼月，宛如昨。

无奈被些名利缚，无奈被他情担阁。可惜风流总闲却。当初谩留华表语，而今误我秦楼约。梦阑时，酒醒后，思量着。

♡ 苏轼,韩绛,司马光

苏轼：您这词写得还真不错啊！看不出来王相公也有这等闲情雅致。

王安石回复苏轼：你小子怎么天天阴阳怪气的？

韩绛：这人哪，年纪大了，就该休息休息了。争名夺利的事情让年轻人去做吧！

王安石回复韩绛：是啊，都一把年纪了，不跟着费那个劲儿了。

司马光：老王啊，咱也争了半辈子了，不过我觉得你倒不是坏人，就是太执拗了。

王安石回复司马光：虽然咱俩政见不同，但你确实也是个君子，哈哈哈。

1. 司马光《与王介甫书》："孔子曰：'益者三友，损者三友。'光不材，不足以辱介甫为友。然自接待以来，十有余年，屡尝同僚，亦不可谓之无一日之雅也。"

2. 王安石在《答司马谏议书》中有"与君实游处相好之日久""无由会晤，不任区区向往之至"。

元丰八年（公元 1085 年），神宗皇帝去世，哲宗继位，改年号元祐，太皇太后高氏垂帘听政。高太后在神宗时期就强烈反对变法，如今自己听政后，任司马光为相，让变法再无可能。

王安石彻底放弃了变法的想法，安心养老。

王安石
转眼都六十多岁了，回忆起当年变法时做的那些事啊，仿佛就和昨天似的。不过如今司马光为相，提出"以母改子"，全面废除新法，我这半辈子的努力啊，就如此付诸东流。算了，不提这些不开心的事情了。都退休这么久了，琢磨这么多没啥用，还不如去找老杨喝一杯去。

紫金山

♡ 杨德逢,司马光,吕惠卿,苏轼,秦观

杨德逢：先别扯那些没用的，我家墙上是不是你给画得乱七八糟的？
王安石回复杨德逢：什么叫乱七八糟的？那是诗啊，专门送给你的《书湖阴先生壁》！
茅檐长扫净无苔，花木成畦手自栽。
一水护田将绿绕，两山排闼送青来。
司马光：你可知道我回洛阳时，百姓夹道欢迎啊！
王安石回复司马光：我不知道！😁
吕惠卿回复司马光：你们旧党害人不浅啊！我现在连凉水都不敢喝，生怕拉肚子了都被你们抓把柄。😂

杨德逢，号湖阴先生，王安石好友。

宋哲宗元祐元年（公元 1086 年）四月，王安石病逝。

这个在风口浪尖上折腾了半辈子的改革家，结束了他的一生。当然，虽然他的生命结束了，但对他的争论却并没有这么快就结束。

八年后，王安石配享神宗庙庭，谥号"文"。徽宗时，被追封为舒王，配享文宣王庙。高宗时，他的王位封号被削去，也不再配享宗庙。

有人说，王安石变法是北宋灭亡的最初导火索；也有人说，王安石变法倘若继续坚持下去，北宋肯定会发展得民富国强。

但在更多人看来，没有什么东西是绝对的。王安石的变法或许有很多弊病，但也有很多可取之处，其失败的关键原因，其实是党派之争。各个党派都想发展自己，打压别人，从而导致不管政策好坏，全是一刀切式的支持或者反对。

当然，在千余年后的今天，这些东西对多数人来说已经没有了什么意义，人们认识王安石，也更多是因为他的诗词和文章。

王安石的文章，结构严谨，说理透彻，语言朴素精练，具有较强的概括性与逻辑力量，对推动变法和巩固北宋诗文革新运动的成果起了积极的作用。

王安石的诗，重炼意和修辞，下字工、用事切、对偶精，含蓄深沉、深婉不迫，以丰神远韵的风格在当时诗坛上自成一家，世称"王荆公体"。

王安石的词，虽然现存不多，但瘦削雅素，一洗五代旧习，尤其《桂枝香·金陵怀古》一词，豪纵沉郁，和范仲淹的《渔家傲·塞下秋来风景异》共同开创豪放词之先声，为后人开山铺路。

不论王安石是不是"千古一相"，这个又轴又犟的老家伙，作为一名敢于挑战整个世界的改革家，作为一名诗词文章各方面都卓绝的文学家，他的名字值得我们所有人铭记。

第四章

苏轼：
这个『男神』人人爱

苏轼

朝代 北宋

职务 凤翔府判官

身份 文学家、书画家

字 子瞻

号 东坡居士

籍贯 今属四川

　　说起宋代文坛，大家首先会想起什么？是"唐宋八大家""三苏"，还是"宋四家"？

　　但不管你想起谁，你一定不会忘记这样一个名字——苏轼。

　　苏轼，字子瞻，号东坡居士，北宋著名的文学家、书画家，中国文学史上顶级"IP"之一，诗、词、文、书、画全能王。

　　在写诗方面，他和黄庭坚被人们并称为"苏黄"；

　　在作词方面，他与辛弃疾被人们并称为"苏辛"，开豪放一派；

　　在著文方面，他与欧阳修被人们并称为"欧苏"，同列"唐宋八大家"；

　　在书法方面，他与黄庭坚、米芾、蔡襄被人们并称为"宋四家"；

　　在作画方面，他尤其擅长画墨竹、怪石、枯树……

　　此外，他还尤善于吃，"东坡肉""东坡肘子"等美食，一千多年以后的今天依旧被无数人奉若珍宝，让他成为中国文学史上不可不提的一个"大吃货"。

　　他在世那些年，可以说是一段群星辈出的光辉岁月。但别管是多亮的星，都无法遮蔽属于他的光芒。

　　倘若苏轼有微信，那我想他的朋友圈一定很有趣。

一、"别人家的孩子"

那时的北宋很太平，自澶渊之盟后，一直不太平的北方总算是平静了下来，人们的日子也逐渐安逸。

那时的苏轼还很年轻，他有很多奢望，他想吃、想闹，还想在一瞬间变成天上半明半暗的云。

年少成名、名动京师的他似乎是标准的"别人家的孩子"，所有人都觉得他前途无量，未来一片光明。

"士当以天下为己任"，怀着无比崇高的理想，苏轼立誓要做如东汉范滂那样的人，不逢迎苟合，不委曲求全，澄清浩宇，拯民济世。

苏轼是个聪明孩子，自幼就和弟弟苏辙在父亲苏洵的引导下刻苦学习，努力奋斗。他们兄弟二十岁左右的时候，苏洵觉着这俩孩子岁数差不多了，该去参加考试了。

苏轼

大家都知道的，我和子由要出去考试了嘛！寻思路过益州时去看看老伯张方平，可万万没想到，这一趟益州之旅，张伯给我们帮了大忙了——他给我们办了"高考移民"——去京里考试！哈哈，我和子由要去做"开封卷儿"了，美滋滋！

益州

♡苏辙,苏洵,张方平

苏辙：开心！咱四川那么多人，竞争压力多大啊，移民到京里，一下子就开挂了！

苏洵：你俩能不能低调点？你张伯为了这事，可是出去求了不少人，这样大张旗鼓地宣扬那就相当于把你们张伯卖了！

苏轼回复苏洵：好吧……我马上就删了……

张方平回复苏洵：孩子高兴，就让他乐呵乐呵吧！为了给你们弄"高考移民"，你的文章我都给欧阳修那老家伙看了，我还怕啥脸面不脸面的……

苏洵回复张方平：您对我们太上心了，大恩不言谢！

苏洵曾写下《上欧阳内翰第一书》，作为给当时翰林学士欧阳修的一封求见信，欧阳修大为称赏，荐苏洵于朝，苏洵文名大盛。

张方平，比苏洵大两岁，时任益州知州，宋神宗时官拜参知政事（副宰相）。与欧阳修政治主张不合，后亦反对王安石新法。

宋朝科举考试分为解试、省试、殿试（皇帝亲自监考）。宋仁宗嘉祐元年（公元1056年），苏轼与弟苏辙随父赴汴京应试，兄弟都通过了开封府的解试。他们本应在眉州参加解试的，却转到了开封参加，所以说苏轼他们考的是"开封卷儿"。

导读

在张方平的助攻之下，苏洵带着苏轼、苏辙来到京里，开始了他们的奋斗之路。没有人能够预料到，父子三人的到来，让整个东京城瞬间变得不一样了起来。在解试之后的省试中，当时的文坛领袖欧阳修被这父子三人唬得一愣一愣的。

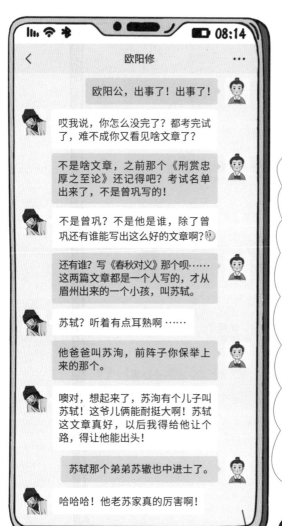

1.《刑赏忠厚之至论》是苏轼在宋仁宗嘉祐二年（公元1057年）省试中写的文章。主考官欧阳修认为此文脱尽五代宋初以来的浮靡艰涩之风，十分赏识，曾说："读轼书，不觉汗出，快哉快哉！老夫当避路，放他出一头地也。"

2.北宋省试制度曾多次改革（范仲淹、王安石均做过改革），一般会涉及诗赋、策论、帖经、墨义等科目，苏轼的《刑赏忠厚之至论》和《春秋对义》是在省试的不同科目中写的文章。

苏轼一举成名，成为文坛黑马，意气风发。没办法，毕竟连文坛领袖欧阳修都说他好，那自然就好。可欧阳修此刻也有点烦恼，甚至感觉惭愧。因为这个苏轼小娃娃文章中写的一些典故，他竟然不知道……

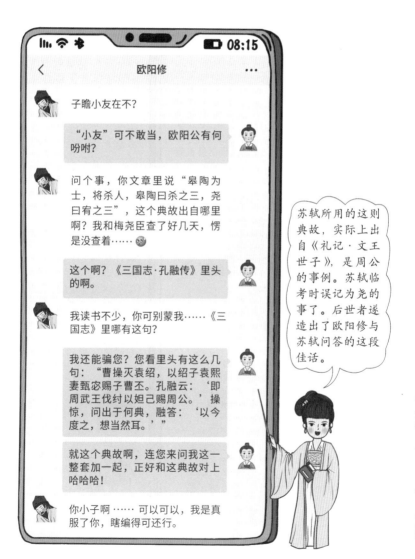

欧阳修

子瞻小友在不？

"小友"可不敢当，欧阳公有何吩咐？

问个事，你文章里说"皋陶为士，将杀人，皋陶曰杀之三，尧曰宥之三"，这个典故出自哪里啊？我和梅尧臣查了好几天，愣是没查着……😂

这个？《三国志·孔融传》里头的啊。

我读书不少，你可别蒙我……《三国志》里哪有这句？

我还能骗您？您看里头有这么几句："曹操灭袁绍，以绍子袁熙妻甄宓赐子曹丕。孔融云：'即周武王伐纣以妲己赐周公。'操惊，问出于何典，融答：'以今度之，想当然耳。'"

就这个典故啊，连您来问我这一整套加一起，正好和这典故对上哈哈哈！

你小子啊……可以可以，我是真服了你，瞎编得可还行。

苏轼所用的这则典故，实际上出自《礼记·文王世子》，是周公的事例。苏轼临考时误记为尧的事了。后世者遂造出了欧阳修与苏轼问答的这段佳话。

凭着自身的才华以及一代文豪欧阳修等人的提携，苏轼在京城混得风生水起。可正当他准备大展拳脚时，母亲突然亡故，他不得不与弟弟苏辙一起随父回家守孝。直到两年后，他们才回到京城，并在四年后的制科考试中名列第一。

苏轼

四年了，我苏轼又回来了！参加制科考试，入第三等，百年第一。吾弟子由也拿了第四等，名列前茅。我兄弟二人，也算是不辱先祖苏味道。考试而已，那有何难？

汴京

♡ 苏洵,苏辙,司马光,沈遘,欧阳修,皇帝-赵祯

苏洵：不错，为父很欣慰。
苏轼回复苏洵：不能给您丢人啊！
苏辙回复苏洵：不能给您丢人啊！
司马光：我觉得子由的文章也能列第三等，可惜胡宿死拦着，没办法才放了第四等。
苏辙回复司马光：您抬举啦！
胡宿回复司马光：子由激烈地议论朝廷之事，且对皇帝不敬！就这还给第三等？第四等也不该，就应该直接赶回家去！
皇帝-赵祯：以直言来的人，而因直言抛弃他，天下人会怎么说我呢？
苏辙回复皇帝-赵祯：还是官家圣明！

1.制科考试，是当年为选拔"非常之才"而开设的不定期考试。制科需要皇帝特批才能开展，北宋、南宋加一起三百多年里，只举行过22次，录取41人。其中一等、二等虚设，最高三等。在苏轼之前，只有一人拿过三等，苏轼是百年内唯一一个三等，所以称"百年第一"。

2.苏味道，苏轼的先祖，唐代知名诗人、政治家，对唐代律诗发展有极大推动作用，与杜甫的祖父杜审言、崔融、李峤并称"文章四友"。

3.宋仁宗嘉祐二年（公元1057年）四月，苏轼母亲去世，父子三人奔丧故里。嘉祐四年父子三人再赴汴京，嘉祐六年苏轼参加制科考试，中第三列三等，任大理评事，凤翔府签判。

二、一路当官一路漂

入仕后，苏轼的人生并没有开始顺遂起来，反而是开始做了一个"漂泊旅人"。

先是离京赴陕西，任凤翔签判；四年后还朝，改任登闻鼓院判官。不久，妻子王弗、父亲苏洵先后病逝，苏轼还乡守孝。三年之后，苏轼还朝，赶上了震动朝野的王安石变法以及新旧党争，被迫离京，先是任杭州通判，而后是任密州（今山东诸城）知州、徐州知州、湖州知州……

导读

　　宋仁宗嘉祐六年（公元 1061 年），苏轼被任命为凤翔府签判，即将开启他的官场生涯。赴任陕西途中，苏轼在渑池（今河南渑池）想起了弟弟苏辙。

08:20

朋友圈

苏轼
与子由生活了二十几年，如今我们兄弟二人要各奔东西了，不由得心里发酸。记起子由写的那首《怀渑池寄子瞻兄》一诗，我得写一首给他。
和子由渑池怀旧
人生到处知何似？应似飞鸿踏雪泥。
泥上偶然留指爪，鸿飞那复计东西。
老僧已死成新塔，坏壁无由见旧题。
往日崎岖还记否？路长人困蹇驴嘶。

♡ 苏洵,苏辙,欧阳修,张方平

苏辙：哥，我也想你了！
张方平：子瞻休要伤怀，"莫愁前路无知己，天下谁人不识君"！@苏辙 子由原诗发我看看？
苏洵：@张方平 怀渑池寄子瞻兄：相携话别郑原上，共道长途怕雪泥。归骑还寻大梁陌，行人已渡古崤西。曾为县吏民知否？旧宿僧房壁共题。遥想独游佳味少，无方骓马但鸣嘶。
张方平回复苏洵：你倒手快，话说你两个儿子可了不得！

此时，苏洵为秘书省校书郎、霸州文安县主簿；苏辙为秘书省校书郎。

哈哈哈！如果大宋词人有朋友圈·苏东坡和他的朋友们

宋英宗治平二年（公元 1065 年），苏轼回到京城，判登闻鼓院，任直史馆。然而安宁的日子并没有持续太久，这年五月，妻子王弗去世，次年四月，父亲苏洵去世。

朋友圈 📷

苏轼
去年，我亲爱的弗儿走了，现在，我敬爱的父亲大人也永远地离开了我们。😈🙏

汴京

张方平：子瞻节哀，明允兄一路走好。🙏
欧阳修：子瞻节哀，明允兄一路走好。🙏
韩琦：明允兄写得一手好文章，却英年早逝，可惜！可惜！
苏辙：@韩琦 感谢韩大人当年推荐我父亲担任秘书省校书郎！
韩琦回复苏辙：老侄客气了，你父亲的文章确实非常好，《六国论》尤为精当。
王安石回复韩琦：《六国论》笔力雄健，纵横捭阖，老辣犀利，老苏同志确实堪为千古文章一大家。
欧阳修：@韩琦@王安石 你们可能不知道，明允兄还是一位修谱高手，他的《苏氏族谱》可谓别出心裁，堪为"苏氏谱例"，与我创建的谱例不相上下，所以有人并称我们的谱例为"欧苏谱例"。

苏洵（1009—1066），字明允，唐宋八大家之一，著有文集二十卷，《谥法》三卷。所著《六国论》收入当今中学语文课本。

第四章　苏轼：这个「男神」人人爱

导读

父亲去世后，苏轼只得依例辞官，携幼子苏迈、弟弟苏辙，送父亲和妻子的灵柩回家。在眉州守孝期满后，他续娶了王弗的堂妹二十七娘（王闰之）。

08:28

苏辙

哥，我看二十七娘对你和迈儿都挺好的，你是不是应该考虑正式把她娶进门了？

我也正有此意，但我还有点拿不准，她是真的喜欢我还是出于对我这个姐夫的照顾。二十七娘与弗儿自小姐妹情深，她为故去的姐姐照顾我和迈儿也好像说得过去。

哥你多虑了，我看得出来，她是真心喜欢你，仰慕你的才华和人品。再说，迈儿年幼，确实也需要有人照顾，二十七娘作为迈儿的姨娘，以后肯定会对他视如己出的。

说得也对，到时我给她取个名字，就叫王闰之。

闰者，副也，增也，且二十七娘闰正月出生，这个名字取得很好！

宋神宗熙宁元年（公元1068年），苏轼在眉州老家续娶王闰之为妻。

导读

熙宁二年（公元 1069 年），苏轼回到汴京，官复原职。这年，刚上任不久的年轻皇帝宋神宗命王安石任参知政事（副宰相），主持变法。王安石变法震动朝野，触动了许多人的利益。因为与王安石政见不合，苏轼和提拔他的欧阳修等人都受到了牵连，纷纷被迫离京。一时间，朝中风雨飘摇。

📶 🛜 ✳ ◼️ **08:30**

‹　　　　　**朋友圈**　　　　📷

 苏轼
王安石啊王安石，你要变法就变法，但你这变法有问题还不让人说，是什么道理？是宰相您就了不起了？我现在自请离京去杭州，你就开心了？
提拔我的欧阳修老爷子退了，子由跟我一样刚刚离京，也被挤对出朝廷……我真是太难了！
算了，不在这儿苦大仇深了，最近写了两首《饮湖上初晴后雨》，放这儿一首给大家看看。
水光潋滟晴方好，山色空蒙雨亦奇。
欲把西湖比西子，淡妆浓抹总相宜。

杭州　　　　　　　　　　　　　　••

♡ 王安石，苏辙，张方平，欧阳修，佛印和尚，大通禅师，吴复古

王安石：是啊，宰相就是可以为所欲为！😄
苏轼回复王安石：你个老小子迟早倒霉在这变法上！
苏辙：哥你心可真宽，还写诗呢……我在张叔这边挺受照顾的，你不用担心我。
张方平：在我陈州地界，没人能动你苏家人！子由交给我，你放心。
大通禅师：苏学士诗写得好啊！有空来我寺里饮茶啊？
维琳方丈：苏学士有空来我寺里饮茶啊？
佛印和尚：苏学士有空来我寺里饮茶啊？
大通禅师回复佛印和尚：你的寺那么远，捣什么乱啊你！

随着新法的推进，诸多弊端也显露了出来。在一片万马齐喑中，唯有苏轼"不合时宜"地跳了出来，向宋神宗先后上《议学校贡举状》《上神宗皇帝书》《再上皇帝书》，驳斥王安石变法。新党被激怒，编造了关于苏轼的种种流言传到神宗皇帝耳中，他对苏轼的信任终于再不如从前，苏轼只得自请外放杭州。

第四章　苏轼：这个"男神"人人爱

导读

苏轼在杭州做了三年通判，虽然时间不长，但也算是做得不错，很受群众爱戴。朝廷看他表现不错，于是给他升了官，调任密州知州。苏轼的心态一直很不错，这一升官更开心了。

苏轼
眼瞅着就要四十了，好歹给升了官，开心！只是那么好的西湖见不着了，有点怀念。
不过也不要紧，山东也不错，没事可以出去打打猎，吃点野味，带劲！
作一首词《江城子·密州出猎》，找几个山东大汉，弄点电琵琶、电胡琴啥的一唱，何等豪迈！
老夫聊发少年狂，左牵黄，右擎苍，锦帽貂裘，千骑卷平冈。为报倾城随太守，亲射虎，看孙郎。
酒酣胸胆尚开张，鬓微霜，又何妨！持节云中，何日遣冯唐？会挽雕弓如满月，西北望，射天狼。
密州

♡ 王安石, 苏辙, 张方平, 欧阳修

王安石：你这不是想打猎，你是还想回京里啊！
苏轼回复王安石：要你管！
王安石回复苏轼：虽然你在朝上diss我，但不得不说，你还是有些才能的。这词虽然出格，却别有生气。
黑粉甲回复王安石：这不就是把诗改写成长短句吗，有啥值得夸的！
铁粉乙回复黑粉甲：你知道什么！词也能像诗一样言志抒情！苏学士这首词，风格豪迈，让人耳目一新。
苏轼：什么是诗，什么是词？词乃诗之苗裔，万法归宗，诗词同源，何必分得那么清楚？
苏辙：真好，我闻到了梦想的味道。

这一年中秋，还是在密州，苏轼和几个朋友凑在一起喝了起来。想起自己背井离乡，又想起远在外地的弟弟，苏轼有些感慨伤怀。

朋友圈

苏轼
又是一年中秋，和几个朋友喝了一整宿……有一说一，山东人真的能喝，比杭州人可厉害太多了！就刚醒，头昏脑涨，有点想子由了，不知道他在外面过得好不好。不知道说点啥，都在这首《水调歌头·明月几时有》里了。
明月几时有？把酒问青天。不知天上宫阙，今夕是何年。我欲乘风归去，又恐琼楼玉宇，高处不胜寒。起舞弄清影，何似在人间。
转朱阁，低绮户，照无眠。不应有恨，何事长向别时圆？人有悲欢离合，月有阴晴圆缺，此事古难全。但愿人长久，千里共婵娟。

密州

　　　　　　　　　　　　　　　　　　　··

♡ 苏辙,张方平,欧阳修

苏辙：哥，你真喝大了……平时你可没这么煽情过哈哈哈！
苏轼回复苏辙：哈哈哈，昨儿晚上喝得有点多了。你是不知道，山东人喝酒规矩太大，他们还没动杯呢，我莫名其妙干下去半瓶了。
张方平：子瞻这首词真好，情深意切，意境高远，必能流传千古。
苏轼回复张方平：承您吉言啦！张伯说流传千古，那肯定得流传千古！

第四章 苏轼：这个「男神」人人爱

苏轼是个好官，在任上兢兢业业，不图名不求利，平易近人，简直是人们眼中的"苏青天"。但背井离乡的他，在寒冷的冬夜里，又会想些什么呢？或许没有多少人知道。男人嘛，很多事情他不会和别人说，只会在深夜偷偷点起油灯，写在自己的日记本上。

三、"乌台诗案"劫后余生

一场"乌台诗案",将苏轼送往了他人生的转折点——黄州。

后人有公论:被贬黄州是苏东坡政治生涯的低谷,却是他精神历程的一次升华。

余秋雨说:"他在黄州期间,是四十四岁至四十八岁,对一个男人来说,正是最重要的年月,今后还大有可为。中国历史上,许多人觉悟在过于苍老的暮年,换言之,成熟在过了季节的年岁,刚要享用成熟所带来的恩惠,脚步却已跟跄蹒跚;与他们相比,苏东坡真是好命。"

也正是在这里,苏轼留下了如《赤壁赋》《后赤壁赋》《念奴娇·大江东去》《水调歌头·明月几时有》等恢宏名篇,从此名留千古。

"天以百凶成就一词人",苏轼是最好的明证。

哈哈哈！如果大宋词人有朋友圈·苏东坡和他的朋友们

导读

元丰二年（公元 1079 年），苏轼被调任湖州知州。上任后，他给神宗皇帝写了一封《湖州谢上表》。本是例行公事的工作汇报，但苏轼是一个文人，文字中总带着一些个人情绪，因一些词句有所争议，被新党利用，往日书信也开始被算后账，苏轼摊上事儿了。

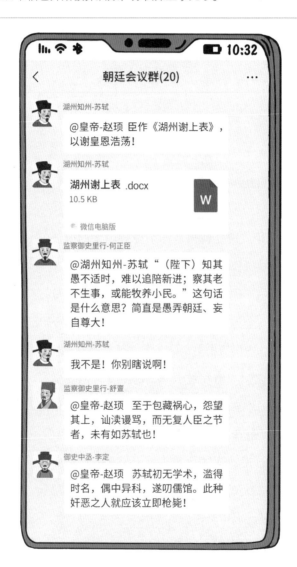

国子博士-李宜之

@皇帝-赵顼 我觉得李定说得对！

湖州知州-苏轼

你们新党这是要搞事情？

皇帝-赵顼

@皇甫遵 朕派你去查查这个事情。

皇甫遵

@皇帝-赵顼 臣领命！

宋神宗元丰二年（公元1079年）三月，苏轼由徐州改知湖州，遂作《湖州谢上表》，这其实是一项官员调任时的例行公事。但是因为文中夹杂着一些个人情绪，被有心之人利用，苏轼被弹劾。其间苏轼想跳水自杀，八月下御史台狱，屈打成招，全部认罪。已罢相退居金陵的王安石上书说："安有盛世而杀才士乎？"苏轼最后幸免一死，十二月出狱，诏贬黄州团练副使。史称"乌台诗案"。

第四章 苏轼：这个"男神"人人爱

101

哈哈哈！如果大宋词人有朋友圈·苏东坡和他的朋友们

皇帝-赵顼
诸位对苏轼这个案子怎么看？

宰相-吴充
陛下以尧舜为法，薄魏武固宜，然魏武猜忌如此，犹能容祢衡，陛下不能容一苏轼何也？

退休老干部-王安石
安有盛世而杀才士乎？

皇帝-赵顼
@曹太后 太后您老人家以为呢？

曹太后
昔仁宗策贤良归，喜甚，曰："吾今又为吾子孙得太平宰相两人"，盖轼、辙也，而杀之可乎？

皇帝-赵顼
太祖当年说不杀士大夫，仁宗皇帝也曾说过苏轼、苏辙兄弟是宰相之才，那就算了吧，不杀了。不过死罪可免，活罪难逃，苏轼就贬到黄州去反省一下吧！

据说，苏轼在狱中时，儿子苏迈每天去监狱给他送饭。由于父子不能见面，所以早在暗中约好：平时只送蔬菜和肉食，如果有死刑判决的坏消息，就改送鱼，以便苏轼心里早做准备。一天，苏迈临时有要紧事，便将为苏轼送饭一事委托远亲代劳，却忘记告诉远亲暗中约定之事。偏巧那个远亲那天送饭时，给苏轼送去了一条熏鱼。苏轼一见大惊，以为自己凶多吉少，便以极度悲伤之心，为弟苏辙写下诀别诗两首，这便是《狱中寄子由二首》。

苏轼遭到弹劾后下狱，虽然最终保得性命，但终究还是被贬了，牵扯人员无数，此次事件史称"乌台诗案"。乌台诗案后，苏轼被贬到黄州。虽然黄州地处穷乡僻壤，但苏轼的心态调整得却非常快，他开启"吃货"模式，用食物化解悲伤。

苏轼
话说回来，黄州其实挺好的，这里的鱼和笋子超好吃的！天天吃得饱，被贬没烦恼！
作一首《初到黄州》，纪念一下劫后余生：
自笑平生为口忙，老来事业转荒唐。
长江绕郭知鱼美，好竹连山觉笋香。
逐客不妨员外置，诗人例作水曹郎。
只惭无补丝毫事，尚费官家压酒囊。

黄州　　　　　　　　　　··

♡ 苏辙，王诜，张方平，司马光，范镇

> 苏辙：我当时费了挺大劲儿想给你保下来，然而人微言轻，弄得我自己都被贬了……
> 苏轼回复苏辙：啥时候有空来哥这儿，给你做好吃的，炖大鱼！
> 王诜：你还有心思吃鱼呢你？因为你的事，我的官位都被撸了……
> 苏轼回复王诜：不吃鱼呀？那就炖肉！我跟你讲，黄州猪肉便宜得很，我最近在研究新的吃法。
> 张方平：因为你个倒霉孩子，我被罚了三十斤红铜。
> 司马光：我也被罚了二十斤红铜。
> 范镇：同上。
> 苏轼：诸位，对不起啊，可是我真没铜赔你们，东坡肉倒可以考虑……

"乌台诗案"发生后，苏轼的朋友们为了营救他，被罚了不少红铜。红铜是纯度极高的铜，主要用于铸币，那时冶炼技术有限，红铜产量极低，价值不菲，会被用作对官员的处罚。

导读

到黄州后，不知是因为劫后余生，还是因为远离了官场的险恶，苏轼的心情似乎并没有坏到哪儿去，每天闲着没事吃吃喝喝，出去旅旅游，也算是悠闲自在。不过歹也是年过四十的大文人，虽然心态好，但也总会感慨伤怀。

朋友圈

苏轼
黄州其实还蛮不错的。最近和朋友们游了几次赤壁古战场，感慨颇深，作《赤壁赋》《后赤壁赋》，我觉着肯定是能流传千古的好文章！😄

本来想分享给大家，但字数太多，私信找我要吧！这里就给大家放一首《念奴娇》：大江东去，浪淘尽，千古风流人物。故垒西边，人道是，三国周郎赤壁。乱石穿空，惊涛拍岸，卷起千堆雪。江山如画，一时多少豪杰。

遥想公瑾当年，小乔初嫁了，雄姿英发。羽扇纶巾，谈笑间，樯橹灰飞烟灭。故国神游，多情应笑我，早生华发。人生如梦，一尊还酹江月。

黄州·赤壁

♡ 苏辙,张方平,王闰之

苏辙：这首《念奴娇》写得真好，比我头两年写的那个《赤壁怀古》不知道好到哪里去了。

苏轼回复苏辙：那肯定啊，毕竟你还是弟弟。🐱

张方平：不是说赤壁古战场在蒲圻吗？你黄州这个应该是叫"赤鼻矶"。

苏辙回复张方平：张伯您这不像话了，看破不说破啊……

苏轼回复张方平：黄州人说话有口音，"壁"和"鼻"一样。🐱

张方平回复苏轼：你小子能不能不抬杠？

苏轼在黄州似乎过得很安逸，虽然工资不高，但在这儿远离了都市喧嚣的地界，也算是清净。

小地方公务自然也少，苏轼闲着没事，开始自己种地、盖房子玩了。

黄州一点通
10小时前

#苏轼东坡开荒种地# 黄州团练副使苏轼，到黄州以来一直备受广大人民群众爱戴，其与民同苦、与民同乐的做官态度也备受人们赞扬。

据悉，近日苏轼在城东地开垦了一块地，和黄州农民们一同下田劳作，赢得很多人赞赏。

同时苏轼还笑称自己是"东坡居士"，成为黄州地区近来一大趣闻。

转发1.5万　　**评论2.2万**　　　　点赞 31万

 东坡居士·苏轼
各位黄州的朋友大家好，感谢大家对我的支持和关注！不知道说点啥，这首《猪肉颂》送给大家，大家学习一下我新研究的"东坡肉"的做法：
净洗铛，少著水，柴头罨烟焰不起。
待他自熟莫催他，火候足时他自美。
黄州好猪肉，价贱如泥土。
贵者不肯吃，贫者不解煮。
早晨起来打两碗，饱得自家君莫管。

 铁匠老张
我家住幸福村，从此以后我就叫"幸福居士"。🐱

 巢谷
大家一定要尝试一下东坡肉，我学着做了一下，真的好吃！

 陈季常
我也想去苏轼家里尝一尝他做的肉，但是我家住河东，有点远，媳妇管得也有点严，不敢去……😈

巢谷，眉山人氏，苏轼同乡挚友，常年浪迹天涯。苏轼被贬黄州后，巢谷飘然而至，帮苏轼耕东坡，筑雪堂，盖南堂，学做黄州小吃。

陈季常妻子凶悍，苏轼觉得好玩，曾赋诗一首："龙丘居士亦可怜，谈空说有夜不眠。忽闻河东狮子吼，拄杖落手心茫然。"从此，"河东狮吼"成为凶婆娘的代名词，"季常癖"三个字也就代表惧内之意。

导读

在黄州几年，苏轼写下了大量优秀作品，文有《记承天寺夜游》，赋有《赤壁赋》《后赤壁赋》，书法作品有《寒食帖》，词作有《念奴娇·赤壁怀古》《卜算子·黄州定慧院寓居作》《浣溪沙·游蕲水清泉寺》《定风波·莫听穿林打叶声》《满庭芳·蜗角虚名》等。

朋友圈

苏轼
今天发几首大家没看过的词，大家看看最喜欢哪首！

一、卜算子
缺月挂疏桐，漏断人初静。谁见幽人独往来，缥缈孤鸿影。
惊起却回头，有恨无人省。拣尽寒枝不肯栖，寂寞沙洲冷。

二、浣溪沙
山下兰芽短浸溪，松间沙路净无泥，萧萧暮雨子规啼。
谁道人生无再少？门前流水尚能西，休将白发唱黄鸡！

三、定风波
莫听穿林打叶声，何妨吟啸且徐行。竹杖芒鞋轻胜马，谁怕？一蓑烟雨任平生。
料峭春风吹酒醒，微冷，山头斜照却相迎。回首向来萧瑟处，归去，也无风雨也无晴。

四、满庭芳
蜗角虚名，蝇头微利，算来著甚干忙。事皆前定，谁弱又谁强。且趁闲身未老，尽放我、些子疏狂。百年里，浑教是醉，三万六千场……

全文

♡ 苏辙,张方平,巢谷,陈季常,秦观,黄庭坚,张耒,陈师道,晁补之

苏辙：我最喜欢一二三四！
黄庭坚：我也喜欢一二三四！
晁补之：喜欢一二三四！

"苏门四学士"秦观、黄庭坚、晁补之、张耒四人此时虽然还未与苏轼相聚，但都分别与苏轼有了联系。

以上四首苏词，都是脍炙人口的名作。

元丰八年（公元 1085 年），神宗皇帝驾崩，哲宗继位，高太后临朝听政，司马光被重新任用为相。以王安石为首的新党遭到打压，苏轼终于时来运转了。

苏轼

一个人的命运啊，当然要靠自我奋斗，但你也要考虑到历史的进程。我本来想去常州养老的，怎么就又回朝了呢？

那天司马光找我谈话，说上面已经钦定了，要让我来当礼部郎中，我说另请高明吧，我也实在不是谦虚。但司马光同志对我讲，王安石的新党失势之后，人员流失严重，很多事情总是要有人做不是？

所以我回来了，不久就重新升职为翰林学士。没办法，有才华的人生，就是这样枯燥，且乏味。

汴京

♡ 苏辙,司马光,张方平,王诜,秦观,王安石

苏辙：哥！我也回来啦，哈哈哈！

苏轼回复苏辙：没办法，咱哥儿俩能耐太大啊，不回来对不起国家。

司马光：子瞻放心，只要有我在，别说新党要变法，哪怕想变个戏法，也得先过我这关！

苏轼回复司马光：其实我觉得吧……变法也不是一无是处，全废止了也不太合适。

张方平：很早之前，我就觉得王安石这样不行，但是他不听。

苏轼回复张方平：所以他被撸下去了……

王安石：快别说了，我心里难受啊！

苏轼回复王安石：您都司空了，位列三公，有啥难受的？

王安石：十六年啊！我变法十六年，想给大宋做贡献，结果一切化为乌有，唉，直接被气死算了！

在京师，苏轼因对旧党执政后的腐败现象进行抨击，遂遭诬告陷害。至此，苏轼是既不能容于新党，又不能见谅于旧党。

导读

苏轼一直是个有趣的人，也一直有点不合时宜。得罪完新党被找碴儿发出去了，好不容易熬了些年熬回来了，又得罪旧党……虽说心态好，也经不住这么折腾啊！

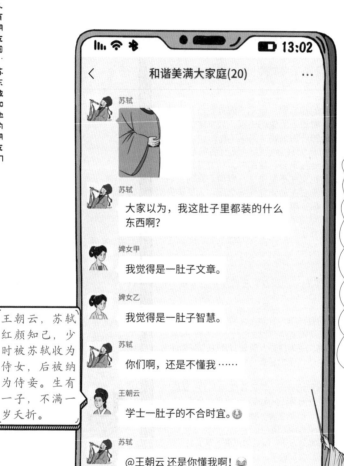

王朝云，苏轼红颜知己，少时被苏轼收为侍女，后被纳为侍妾。生有一子，不满一岁夭折。

宋代费衮《梁溪漫志》记载：东坡一日退朝，食罢，扪腹徐行，顾谓侍儿曰："汝辈且道，是中有何物？"一婢遽曰："都是文章。"坡不以为然；又一人曰："满腹都是识见。"坡亦未以为当。至朝云，乃曰："学士一肚皮不入时宜。"坡捧腹大笑。

苏轼又回杭州了。当然，现在官做大了，是杭州知州。为啥又去杭州？因为他想念西湖，还是想念他偶像白居易修的"白堤"？其实都不是，只是他在朝里把新党、旧党都得罪了，着实是待不住，自请外调。

 苏轼

新党搞完我，旧党又搞我……想说几句实话咋就那么难啊！我这好有一比，叫"猪八戒照镜子"。好不容易回了京，这又待不住了，难啊。

幸亏杭州我也比较熟悉，到这儿也有点亲切感。不过西湖长期没有疏浚，我过去得给规划规划，修个长堤啥的。

昔日白居易修"白堤"，如今我也仿古一下，修个"苏堤"，向偶像看齐。

杭州

♡ 苏辙,黄庭坚,秦观,陈师道,大通禅师,维琳方丈,佛印和尚

苏辙：你也知道难啊？还不是你自己作的……

苏轼回复苏辙：你哥我脾气就这么直，你又不是不知道。

黄庭坚：我脾气也比较直，但我就没被挤对到外地。

苏轼回复黄庭坚：别着急，快了，下一个就是你！

秦观：话说得挺好的，修苏堤也没啥问题，就这"猪八戒照镜子"是什么典故啊？

苏轼回复秦观：没典故，这叫歇后语。大概就是"里外不是人"的意思。

秦观回复苏轼：哈哈哈你可真行，都被挤对成这样还玩笑呢。

陈师道：学白居易？拉倒吧，我看你就是被罚修堤，外加蹭白居易热度……

苏轼回复陈师道：你小子几个意思啊？我收你为徒你不乐意，完事儿你还挤对我？

宋哲宗元祐五年（公元1090年），苏轼在杭州。他春夏间疏浚西湖，并在湖水最深处建立三塔（今三潭印月）作为标志，把挖出的淤泥集中起来，建堤桥，即苏堤。

第四章 苏轼：这个"男神"人人爱

109

四、"一肚子的不合时宜"

心似已灰之木，身如不系之舟。

问汝平生功业，黄州惠州儋州。

——苏轼《自题金山画像》

凤翔、杭州、密州、徐州、黄州、惠州、儋州、常州……苏轼的身后，有一长串的地名留下了他的印记。

他以罪人之身，遭贬谪到这些地方。这些人生短暂停留的驿站，却以另一种方式，成全了一位旷古烁今的东坡居士。

或许就如朝云所说的——"学士一肚子的不合时宜"。

从新党到旧党，苏轼之所以两边不讨好，不过是因为他正道直行。他的心中没有党派之分，有的只是一心坚守，万千黎民。

但求独行其是，一切付之悠悠。

好不容易到了富庶的杭州，苏轼一边修"苏堤"，一边游西湖，也可以算是悠然自得。旧党失势了，是不是没人搞他了？正当苏轼想着，新党回来找旧账来了……而且，这次的"领队"可不像王安石那么讲理。

苏轼

唉，新党重新上台，章惇、蔡京重掌生杀大权，我又被贬了……是惠州啊，我的天！这一路真的是山高路远，我都五十几岁了，到咱大宋最南边，岂一个惨字了得！

惠州 ··

黄庭坚、秦观、晁补之、张耒四人都出自苏轼门下，并称"苏门四学士"。苏门四学士又和陈师道、李廌并称"苏门六君子"。

♡ 苏辙,黄庭坚,秦观,晁补之,张耒,陈师道,李廌

苏辙：被贬+1。
黄庭坚：被贬+2。
秦观：被贬+3。
晁补之：被贬+4。
张耒：被贬+5。
陈师道：被贬+6。
李廌：你看我，不做官就不怕被贬，美滋滋！
苏轼回复李廌：你不做官不是因为考试考不上吗？😄
苏轼：统一回复一下，其实惠州也不是特别差，这里的橘子、杨梅、荔枝都好吃极了！一首《食荔枝》馋馋大家：罗浮山下四时春，卢橘杨梅次第新。日啖荔枝三百颗，不辞长作岭南人。
苏辙回复苏轼：哥，荔枝吃多了上火，小心您的痔疮……

导读

　　苏轼还是低估了他得罪人的能力，惠州不是终点，他还要去更南的地方，他的仕途也会更难。广东再往南是哪里？传说中的南海遗珠海南岛——儋州。这儋州一去，基本上比枪毙了的罪过轻不了多少……

苏轼在惠州时写有《纵笔》诗一首：白头萧散满霜风，小阁藤床寄病容。报道先生春睡美，道人轻打五更钟。此诗风靡一时，传进京城，有官员认为苏轼被贬之际如此吃喝玩乐，于是设法再将他贬至边远险恶之地儋州。

苏辙

哥，听说你又出事了？

是啊，出事了，还是因为诗的事。官家看了我的诗，觉着我在惠州过得太快活，所以让我到儋州吹吹海风。

吹海风像话吗……

上次我还说惠州是"最南边"，结果我发现我忽略了儋州这个岛。所以老话说得对：flag不能瞎立！

您还有心思开玩笑啊，这儋州乃险恶之地，你都六十多了，这一去相当于死刑了啊！

没事，这边有个棺材铺打折，买一送一。

您可别拉上我，弟弟还年轻……😂

我才不叫你，你不懂美食！之前陪我从南雄一路走到惠州，给咱们当信使那个吴复古还记得吗？我准备给他接过来住几个月，跟我一起品尝儋州大生蚝。万一吃撑撑死了，棺材我俩一人一个！

我要是吴复古，我先把你掐死……🐛

苏轼到儋州之后没有破罐子破摔，他的心态一直很好。他开始办学堂、介学风，以至于许多人不远千里追至儋州，从苏轼学。苏轼成了儋州文化的开拓者、播种人。但过了没多久，徽宗皇帝继位，大赦天下。

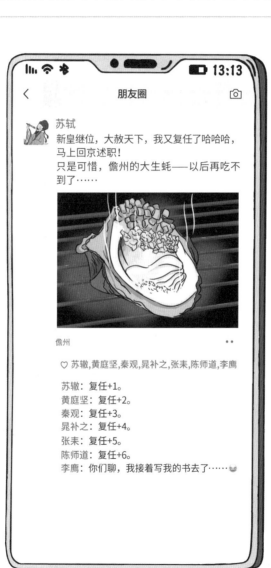

> **导读**
>
> 苏轼在北归途中还盼着马上就要回京复任朝奉郎。可他一定不会想到，他还啥都没等来，就离开了这个世界。

苏辙
吾兄苏轼，于建中靖国元年，北归路上逝世于常州。去世前吾兄留下遗嘱，希望安葬于汝州郏城县钧台乡上瑞里。
一个大文学家、顶级吃货、无可救药的乐天派，就这样离开了我们。
想哭，难受，舍不得时刻刻念着我、无微不至照顾过我的哥哥……

音容宛在　　风范永存

♡ 黄庭坚,晁补之,张耒,陈师道,李廌

黄庭坚：节哀……被贬途中听闻此事，难受。

晁补之：节哀🙏希望少游在那边能照顾好老师吧。

张耒：我会在颍州办一场追悼会，所有人都应该记住这样一位文学大家，人们不能忘记他。

陈师道：当年老师收我，我还千般拒绝；如今想见老师，却见不到了……只盼早日九泉之下相会。

李廌：作两句祭文：皇天后土，鉴一生忠义之心；名山大川，还万古英灵之气。

> 陈师道在苏轼逝世的第二年病逝，成为第一个"追随"苏轼而去的学生。

> 1. 建中靖国元年即公元 1101 年。
> 2. 少游，即秦观。秦观字少游，在藤州游览光华亭时，口渴要喝水，待人送水至，秦观已含笑离世。

苏轼逝世次年，其子苏过遵遗嘱将其灵柩运至郏城县安葬。

待后来高宗赵构继位，追赠苏轼为太师，谥号与曾提携他的欧阳修一样，为"文忠"。

苏轼逝世十一年后，他最爱的弟弟苏辙逝世，葬于苏轼墓旁边。

那些年苏轼的那些事，就此告一段落。

他的一生完结了，但没有人忘记这个曾自嘲为"东坡居士"的家伙。一千来年过去了，所有人都还记得他。

苏轼到底是个什么样的人？为何千年来得到无数人的追捧？这个问题或许不是那么容易回答，苏轼这个人确实也太难总结。

林语堂在《苏东坡传》中曾经这样写道：

"苏东坡是个秉性难改的乐天派，是悲天悯人的道德家，是黎民百姓的好朋友，是散文作家，是新派的画家，是伟大的书法家，是酿酒的实验者，是工程师，是假道学的反对派，是瑜伽术的修炼者，是佛教徒，是士大夫，是皇帝的秘书，是饮酒成癖者，是心肠慈悲的法官，是政治上的坚持己见者……我若说一提到苏东坡，在中国总会引起人亲切敬佩的微笑，也许这话最能概括苏东坡的一切了。"

一生载歌载舞，深得其乐，忧患来临而一笑置之。

这就是苏轼，一位惊才绝艳的文学家，一位通吃古今的美食家，一位心怀万民的政治家，一位用一生诠释何为"通透豁达"的哲学家。

这样的"男神"苏轼，你爱了吗？

秦观：苏门秦学士，官场伤心人

秦观

朝代 北宋

职务 秘书省正字

身份 词人

字 少游

号 淮海居士

籍贯 今属江苏

清末学者冯煦说："淮海、小山，真古之伤心人也。其淡语皆有味，浅语皆有致，求之两宋词人，实罕其匹。"

晏几道（号小山）确实也算"伤心人"，身为宰相晏殊之子，少时优游富贵，却在父亲去世后开始家道中落，还曾被捕入狱，最后穷困潦倒郁郁而终。

但晏几道好歹还当过富贵公子，而秦观（号淮海居士）就不一样了，他出身相对低微，且少年丧父，青年时期为生计所迫，奔走于科举之中，近40岁才考中进士，好不容易入仕，却跟着恩师苏轼接二连三受到政治压迫，最后惨遭贬谪，悲凉离世。

作为一个有才华、有抱负的文人，最终却被朝廷所弃，这是秦观的悲哀，也是时代的悲哀。所以，也难怪他的气质会偏向忧郁，被冯煦称为"古之伤心人"，而他的词作归入婉约，被元好问称为"女郎诗"。

"春去也，飞红万点愁如海。""郴江幸自绕郴山，为谁流下潇湘去？""别后悠悠君莫问，无限事，不言中。"既然仕途上不如意，秦观也就只好把一腔抱负化作失意的泪水，向世人喊出这样悲情、忧愁的句子了。

无论后世如何把秦观视为北宋婉约词宗、情歌王子，其《鹊桥仙》等传世之作如何名满天下，人们如何津津有味地虚构传颂他与苏小妹的爱情故事，但他最终，也不过是一个"伤心人"而已。

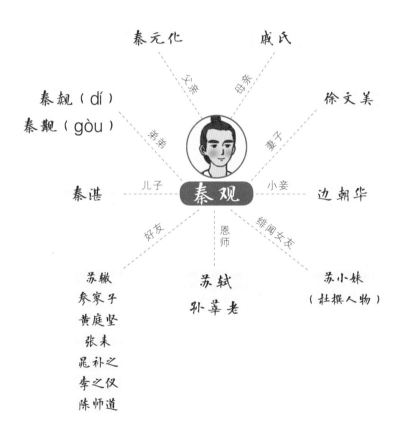

一、苏轼门下的"秦学士"

宋仁宗皇祐元年（公元 1049 年），北宋朝廷再征西夏，却以失败告终，加之天灾异象频出，官场势力激荡，宰相陈执中不得已请辞归乡，引得朝中一时人心惶惶。

这一年，风流才子柳永，已经快要与这个世界惜别；被后世称为"伤心人"的晏几道才十几岁，在父亲晏殊的庇护下过着锦衣玉食的日子；一代词坛巨匠苏轼，也还只是一个十几岁的少年，在四川眉州老家跟着父亲苏洵苦读。

就在这年，秦观出生了。

这个与柳永、晏几道、苏轼在词风和师承上有着密切关系的词坛才子，注定会成为北宋词史上的一座高峰。

千百年后，关于他的情史绯闻、传奇逸事、他与苏轼以及"苏门四学士"的故事，还在为人们津津乐道，传扬不休。

秦观出生之前，祖父奉命前往江西任职，秦观便在一家人刚刚抵达九江时出生。一直到公元 1053 年，祖父任职期满，他们一家才回到家乡高邮。这一年，秦观正是开蒙读书的时候，所以他有关于童年的记忆，都在高邮这个盛产咸鸭蛋的小城之中。

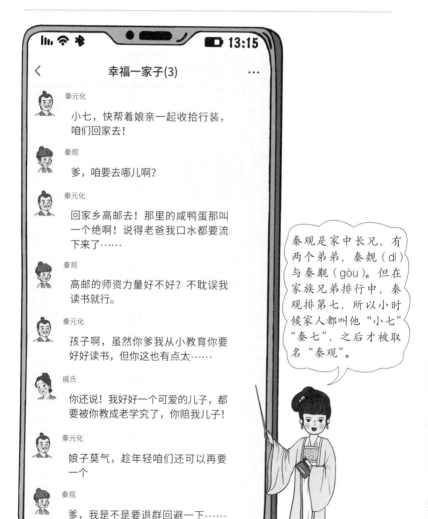

秦观是家中长兄，有两个弟弟，秦觌（dí）与秦觏（gòu）。但在家族兄弟排行中，秦观排第七，所以小时候人都叫他"小七""秦七"，之后才被取名"秦观"。

哈哈哈！如果大宋词人有朋友圈·苏东坡和他的朋友们

导读

　　秦观十几岁时，父亲秦元化去世。临终前，秦元化将秦观的学业托付给了自己的同门师兄弟孙觉。而秦观也没有让父亲和老师失望，年纪轻轻便展现出自己学霸的一面。

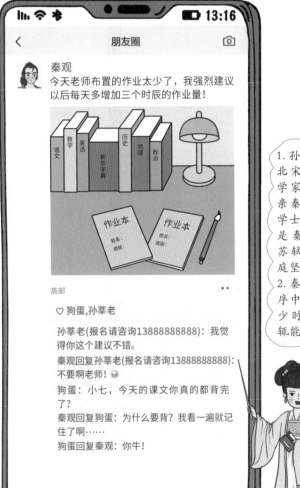

1. 孙觉，字莘老，北宋文学家、经学家，与秦观父亲秦元化同为大学士胡瑗的学生。是秦观的老师、苏轼的朋友、黄庭坚的岳父。

2. 秦观《精骑集》序中开篇说："予少时读书，一见辄能诵。"

秦观除了居家读书，也经常到附近州县游历以增长见识。宋神宗熙宁二年，秦观在游历泗州、盱眙，目睹洪灾之下百姓疾苦后，写下了《浮山堰赋》。

　　　　　朋友圈

秦观
……哀死者之数万兮，孤魂逝其焉游。背自然以开凿兮，固神禹之所恶……

这是我新作的《浮山堰赋》，请大家点赞加转发，让上面的人看到百姓有多惨！

汴京

♡ 徐文美,徐成甫,孙莘老,秦觌,秦靓

徐文美：相公的文采越来越好了！👍
秦观回复徐文美：娘子，莫吹彩虹屁。
徐成甫：贤婿，文是好文，可要慎言啊！
秦观回复徐成甫：岳父，您帮我转发一下，您朋友圈当官的多！
孙莘老：小秦有悲天悯人的大胸怀！
狗蛋：咱俩一起上的学，为何差距如此之大？
秦观回复狗蛋：天赋这种事情，说不清楚……
狗蛋回复秦观：幸好咱俩考试水平是一样的，哈哈！

1.《浮山堰赋》是秦观早期的一部作品，秦观早年作品以辞赋居多。也正是这篇赋文，让他逐渐在文坛崭露头角。
2.公元1067年，秦观娶潭州宁乡主簿徐成甫之女徐文美为妻。

导读

熙宁七年（公元 1074 年），听说文坛大家苏轼即将路过扬州，秦观想前往拜谒，又怕已经成为文坛领袖的苏轼不一定会见自己，便偷偷在一座寺院的墙壁上模仿苏轼笔迹写了一首诗，并请老师孙莘老把自己的诗文代呈给苏轼看。

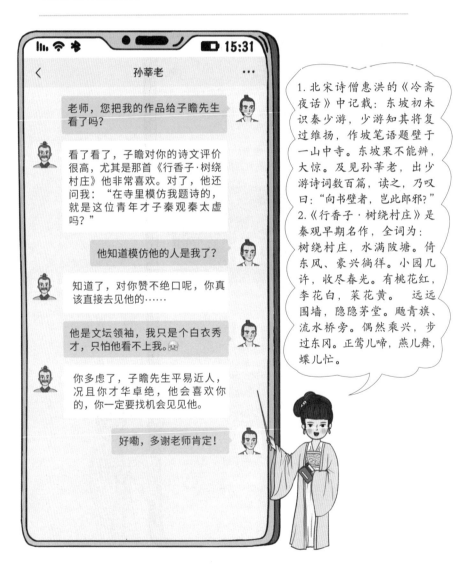

宋神宗元丰元年（公元1078年），秦观赴汴京赶考。路过徐州时，他去拜访了时任徐州知州的苏轼。有了苏轼之前的认可以及孙莘老的推荐，秦观这次不再拘谨，而是大胆地提出了要拜苏轼为师，并举行了正式的拜师仪式，一时成为徐州城里的佳话。

15:32

朋友圈

秦观
我独不愿万户侯，惟愿一识苏徐州！
太开心了，终于拜偶像为师了，我愿一辈子追随老师！

徐州

♡ 孙莘老,苏轼,陈师道,黄庭坚

孙莘老：小秦，当初跟我学习的时候可没见你这么激动啊。

秦观回复孙莘老：那时年纪小不懂事，老师您可别生气呀，再说子瞻老师也是您给我介绍的……

苏轼回复孙莘老：孙兄，你就别难为小秦啦，以后咱俩都是他的老师，哈哈！

黄庭坚回复孙莘老：岳父大人，我也要拜子瞻先生为师，求介绍！🙏

孙莘老回复黄庭坚：早就把你的作品给子瞻看过了，他很欣赏，就看你们什么时候有缘见面了……

苏轼回复黄庭坚：鲁直同学你不厚道，连自己老丈人都调侃，咱俩不是早加过好友了吗，就差见面了。😊

陈师道：看到你们这么热闹，我好羡慕，只可惜最近病了，没能亲眼见到太虚兄。

> 黄庭坚为孙莘老女婿，孙莘老曾将黄庭坚作品给苏轼看，苏轼评价"超轶绝尘，独立万物之表，世久无此作"。

> 陈师道，北宋著名诗人，时任徐州教授。"苏门四学士"的黄庭坚、秦观、晁补之、张耒与陈师道、李廌，又合称为"苏门六君子"。

> "我独不愿万户侯，惟愿一识苏徐州！"出自秦观《别子瞻学士》一诗，该诗为秦观拜师后离开徐州时所写。
> 秦观曾字太虚，后改字少游。

导读

离开徐州后，秦观来到了应天府（今河南商丘），与时任应天府判官的苏辙相见。苏轼和苏辙均认可秦观，秦观大为高兴。可惜，在随后的汴京秋试中，秦观并未考中。郁闷之下，秦观回到家乡高邮，闭门读书。

15:33

朋友圈

秦观
年过三旬，仍一事无成，唉，郁闷！怪只怪王安石废除了诗赋取士的考试制度，搞什么经义、论策取士，害得我落榜。幸好有子瞻、子由两位先生寄信安慰。

高邮

♡ 苏轼,苏辙,孙莘老,参寥子

苏轼：你都写信向我诉苦了，我能不安慰你吗？😏

苏辙：你都写信向我诉苦了，我能不安慰你吗？😊 +1。

沈廉叔：我可以作证，子瞻先生确实是看了你的诉苦信后，才托我从徐州给你带信回来的。😄

秦观：几位先生不厚道哈，不理你们了。😤

苏轼回复秦观：话说，你给我寄的莼姜法鱼糟蟹，真是太好吃了，有空再给我寄一点啊，还有高邮咸鸭蛋我也要一些。😋

秦观回复苏轼：老师，您别光想着吃呀，我给您写的《黄楼赋》咋样？

苏轼回复秦观：还真不错，我感觉你在写赋上很有天赋，至少是屈原、宋玉之才。

苏辙回复苏轼：哥哥，我的《黄楼赋》呢，不比秦七的差吧？

苏轼回复苏辙：哈哈，一个是我弟弟，一个是我弟子，当然是都写得好喽！

秦观给苏轼寄《黄楼赋》时还捎带了高邮特产莼姜法鱼糟蟹，并赋诗《以莼姜法鱼糟蟹寄子瞻》，诗中还提到了"兔卵"（即鸭蛋）。

1. 王安石变法，对科举制度进行了改革，取消了诗赋考试，改为经义、论策取士，而秦观所擅长的却是诗词歌赋，所以他心怀不满。
2. 参寥子，宋代诗僧，法号道潜，字参寥，也被称为参寥子，是苏轼的"铁粉"兼好友，与苏轼、秦观等多有唱和。
3. 黄楼，徐州五大名楼之一，苏轼治徐州时所建，楼建成后，苏轼广邀文人雅士饮酒作赋，苏辙、黄庭坚、参寥子等人均当场作赋，而秦观身在高邮，经苏轼去信邀请才写。

元丰二年（公元 1079 年），苏轼调任湖州知州。秦观大喜，与参寥子一起搭乘苏轼的官船同游无锡、吴江、湖州、会稽各地，师生情谊进一步提升。也许是因为两人关系太过亲密，后世还流传出了秦观娶苏小妹的绯闻。

15:35

关注● **推荐** +

推荐　　星座　　同城　　榜单　　国际　　＋

江湖日报超话
6小时前

据独家媒体爆料，流量大咖苏轼把自己的妹妹嫁给了学生秦观，婚礼当天视频疑似流出，想看的扫评论里的二维码加群！

转发2万　　　**评论 2.2万**　　　点赞 33万

参寥子
我天天陪你们一起玩，什么时候偷偷结婚的，为什么不请我？？😂 @苏轼@秦观

孙莘老
为什么也不请我？？😄 @苏轼@秦观

苏辙
我啥时候多了个妹妹？😄

苏轼
@参寥子@孙莘老瞎起什么哄，都知道我没有妹妹！

徐文美
秦观，你这个陈世美，傍上了苏轼这棵大树就不要我了吗！

秦观 回复 徐文美：娘子，误会，我真没有啊……
江湖小狗仔 回复 徐文美：您好，我们想给您做个独家专访……
秦观 回复 江湖小狗仔：😡滚！

秦观
无良媒体，我要告你们！

> 苏轼并没有妹妹，秦观更不可能与这个莫须有的苏小妹扯上关系，只是民间喜欢这种"好上加好"的故事，便编造出"苏小妹三难新郎"的故事，至今还为人津津乐道。

> 秦观虽然没有真的娶苏小妹，但他以一介书生的身份跟随文坛领袖苏轼出行，受到了各方政要和名士的极高礼遇，也算是沾了苏轼的光。

哈哈哈！如果大宋词人有朋友圈·苏东坡和他的朋友们

 导读

苏轼在湖州上任不久，便遭遇了史上著名的"乌台诗案"，在王安石等元老的求情下，加上宋朝有不杀士大夫的国策，苏轼才躲过一劫，被贬为黄州（今湖北黄冈）团练副使。而秦观，因为要去省亲（看望祖父和叔父），继续南下到了会稽。

📶 🛜 ⁕ 15:37

< **朋友圈** 📷

秦观
老师离开后，这江南，这岁暮，真是寥落。一首《满庭芳》，聊表心情。
山抹微云，天连衰草，画角声断谯门。暂停征棹，聊共引离尊。多少蓬莱旧事，空回首、烟霭纷纷。斜阳外，寒鸦数点，流水绕孤村。
销魂。当此际，香囊暗解，罗带轻分。谩赢得青楼，薄幸名存。此去何时见也？襟袖上、空惹啼痕。伤情处，高城望断，灯火已黄昏。

会稽
··

♡ 苏轼,苏辙,参寥子,文彦博

苏轼：第一句挺好，以后就叫你"山抹微云君"了。

晁补之：我更喜欢"斜阳外，寒鸦数点，流水绕孤村"，即便是不识字的人，也知道这是天生的好言语。

张耒：吾兄此词虽写情，却能融入仕途不遇、前尘似梦的身世之感，小弟佩服。

秦观回复苏轼：老师谬赞了，您到黄州了吗？

苏轼回复秦观：还在去黄州的路上呢……对了，你这首词，我的评价还没说完，还要再送你一句："山抹微云秦学士，露花倒影柳屯田。"

秦观回复苏轼：老师是批评我学柳永吗？😓

苏轼回复秦观：知道便好，我以为即便写情也不可太俗，你以后还是要走仕途的……

---

1. 宋代胡仔的《苕溪渔隐丛话》中记载：其词为东坡所称道，取其首句，呼为"山抹微云君"。宋代叶梦得的《避暑录话》中记载：首言"山抹微云，天连衰草"，尤为当时所传。苏子瞻于四学士中最善少游，故他文未尝不极口称善，岂特乐府？然尤以气格为病，故尝戏云："山抹微云秦学士，露花倒影柳屯田。"

2. 晁无咎云："少游如寒景词云：'斜阳外，寒鸦万点，流水绕孤村。'虽不识字人，亦知是天生好言语。"

3. 秦观的《满庭芳》一经问世，迅速唱红大江南北，成为坊间流行歌曲，秦观的名气也更大了。后来，连秦观的女婿在自我介绍时都忍不住自称"某乃山抹微云女婿也"。

元丰五年（公元 1082 年），秦观在苏轼的劝说下再次赴京应举，可惜依然落第。虽然如此，苏轼还是对秦观充满信心，鼓励他回乡后继续发奋读书，并曾向王安石推荐秦观。终于，在元丰八年（公元 1085 年），也就是王安石变法结束、司马光上台执政的那年，秦观考中了进士。

15:38

朋友圈

秦观
中了！中了！以后请叫我秦进士！

汴京

♡ 苏轼,苏辙,陈师道,黄庭坚,王安石,孙莘老,李之仪

苏轼：恭喜少游，我就说你一定能考上的！
秦观回复苏轼：谢谢老师！
王安石：秦君的诗，子瞻给我看过，清新妩丽，有如鲍照、谢灵运。
秦观：多谢王荆公夸奖。
陈师道：恭喜少游！
黄庭坚：恭喜少游！
苏辙：恭喜少游！
孙莘老：恭喜少游！
李之仪：恭喜少游！
秦观：感谢师友们的祝福！🎉今晚醉仙楼包场，大家一定要来！

李之仪，北宋著名词人，其《卜算子·我住长江头》词广为世人传诵。曾被苏轼聘为幕僚，经过高邮时受到秦观热情款待。

秦观考中进士后，朝廷先是给了他一个定海（今浙江舟山）主簿的官衔，然后给他安排了蔡州（今河南汝南）教授（管教育的官员）的职务。

导读

宋哲宗元祐元年（公元 1086 年）春，秦观来到蔡州开始担任教授。虽然职务闲散、生活清贫，初入官场的秦观还是充满信心。风流多情的他，还在蔡州留下了丰富的情感经历。

1. 秦观初到蔡州时，曾寄居僧坊，生活清苦。
2. 公元 1086 年，司马光重新掌权后，苏轼被召还京师，不断升官，连带着黄庭坚、张耒、晁补之也都授了官职，苏门四学士只有秦观一人在蔡州。

朋友圈 📷

🔵 **秦观**

水龙吟

小楼连远横空，下窥绣毂雕鞍骤。朱帘半卷，单衣初试，清明时候。破暖轻风，弄晴微雨，欲无还有。卖花声过尽，斜阳院落，红成阵，飞鸳甃。

玉佩丁东别后，怅佳期、参差难又。名缰利锁，天还知道，和天也瘦。花下重门，柳边深巷，不堪回首。念多情但有，当时皓月，向人依旧。

蔡州 　　　　　　　　　　‥‥

♡ 苏轼,苏辙,陈师道,黄庭坚

徐文美：老实交代，这个人是谁，跟你什么关系？！😠

秦观回复徐文美：一个官妓而已，没多少关系，夫人放心吧！

徐文美：哼，没多少是多少？

苏轼："小楼连远横空，下窥绣毂雕鞍骤"，十三个字，只说了一个意思——骑马从楼前过，真是言语累赘、浪费文字啊。

秦观回复苏轼：老师批评得对！

黄庭坚："名缰利锁，天还知道，和天也瘦"，少游似乎有牢骚在腹，过得不开心？

秦观回复黄庭坚：哈哈，是有一点，在蔡州还是比较无聊的，不像你们几个能跟老师经常在一起……

哈哈哈！如果大宋词人有朋友圈·苏东坡和他的朋友们

宋哲宗元祐五年（公元 1090 年），在前宰相范纯仁的推荐下，秦观来到京师担任太学博士，后转任秘书省校书郎，负责编校书籍。虽然官职不高，其间也有沉浮起落，但在京师这四年，却是他一生中仕途的最高点。

17:40

‹　　　　朋友圈　　　　📷

秦观
唉，想当年我好不容易考上公务员，竟然把我弄到蔡州去了，吃不好住不好，如今我终于到京城了，可一到京城，我竟然，被盗了！！！

汴京　　　　　　　　　··

♡苏轼,张耒,晁补之,黄庭坚,范纯仁

徐文美：什么情况！

秦观回复苏轼：我住东华门，家里被盗了😓

黄庭坚回复秦观：少游你是不是从蔡州带了什么宝贝回京？

秦观回复黄庭坚：我穷得要吃土，还宝贝！

苏轼回复秦观：苦中作乐吧，这不又增加了写诗的素材。

秦观回复苏轼：您还别说，我真写了，就叫《东城被盗得世字》：野人无机心，触事少防卫。所至辄酣寝，屡堕穿窬计。孤亭夜深墨，风死雨初霁。有盗穴壁来，攘取逮衾袂……

1. 范纯仁，范仲淹次子，北宋名臣、政治家，元祐三年（公元 1088 年）、元祐八年（公元 1093 年）两次官拜宰相，人称"布衣宰相"。

2. 公元 1090 年，秦观回京时，苏轼已于前一年出知杭州了，直到两年后回京，苏轼及门下四学士才同在一处供职。

二、仕途坎坷的"伤心人"

担任京官的四年中，秦观一方面受在蔡州时期被传"行为不检"的影响，另一方面也因为与苏轼、苏辙的亲近关系，几度被弹劾罢免，初步尝到了官场险恶的滋味。但官场真正的险恶，其实还在后面。

宋哲宗绍圣元年（公元 1094 年），太皇太后高氏崩逝，哲宗亲政，亲"新党"。新党人士章惇、蔡京等人上台后开始打击报复"旧党"人士，苏轼、苏辙等一些对新法提出过意见的人就成了被打击的对象。而为了彻底扳倒苏轼、苏辙这样的大人物，新党们也没有放过作为苏门弟子的秦观这样的"小喽啰"。

作为一个年近四十才考中进士，在仕途中跌跌爬爬地挣扎的苦命人，秦观在绍圣元年开始遭遇更加"非人"的折磨：先是被排挤出京担任杭州通判，还没到任又改贬处州（今浙江丽水）任监酒税之职，不久又赶到郴州（今湖南郴州），而且不准带家眷随行，郴州之后又是更加荒蛮的横州（今广西横州），后又徙雷州（今广东湛江雷州市），最后渴死在放还途中。

可以说，秦观人生最后的几年，不是被贬就是正在被贬的路上。从贬职到削秩（不发官俸）再到被编管（劳动改造），他几乎没有过过一天舒心的日子，其心境悲苦可以想见，而他的词作，也自然而然地打上了凄苦、伤感的烙印。

哈哈哈！如果大宋词人有朋友圈·苏东坡和他的朋友们

导读

　　元祐年间，随着党争的加剧，苏轼被贬、被调愈加频繁，从元祐六年（公元 1091 年）到绍圣元年（公元 1094 年），苏轼先从杭州被召回朝，然后调往颍州、扬州、定州、惠州。秦观作为苏轼最得意的弟子，也受到牵连，开始了被贬生涯……

 秦观

官场险恶，人心不古，我的老师已经彻底被打倒，他们连我这样的小人物也一起打击。说是把我弄到杭州去当通判，我这刚出发，又让我去处州负责酒税！早知今日，我当时就不应该考功名。

汴京

♡ 徐文美，边朝华，苏轼，黄庭坚，苏辙

苏轼：难为你了，一下降了好几个级别。

秦观回复苏轼：老师，岂止是降级啊，地方也不行啊，处州穷乡僻壤，跟杭州完全不能比……

黄庭坚：我估计我很快也要被赶出京师了。

苏辙：我已被贬出京，坐标汝州。

秦观回复苏辙：难受，想哭。

边朝华：相公，我要跟你一起去！

秦观回复边朝华：你还是找个好人再嫁了吧，跟着我会受苦的。

边朝华回复秦观：你还记得你去年娶我时写的诗吗？才过一年，你怎么舍得让我离去？再说，朝云姐都能跟随东坡先生去，我为什么不能跟随你？

秦观回复边朝华：唉，我怎么能跟我老师相比？世事难料，前途未卜，我是真不想你跟着受苦啊！

1. 公元 1093 年，秦观仕途正好，在京纳边朝华为妾，曾作诗：天风吹月入栏杆，乌鹊无声子夜闲。织女明星来枕上，了知身不在人间。被贬后，为了不连累朝华，秦观遣她归家改嫁，并作《遣朝华》：夜雾茫茫晓栎悲，玉人挥手断肠时。不须重向灯前泣，百岁终当一别离。

2. 公元 1094 年夏，秦观被任命为杭州通判，刚刚上路又接到消息，说要贬到处州（今浙江丽水）去负责酒税工作（相当于一下子从"杭州市副市长"降为了"丽水市税务局局长"）。

让秦观没想到的是，他带着一大家子前脚刚走，朝华后脚就跟来了。在被贬途中，秦观抱着追赶上来的朝华哭得稀里哗啦。但秦观想到自己年近半百，今后还不知会怎样，怎么也不忍心让二十多岁的朝华跟着自己一路走到黑，于是狠下心来再次赶走了朝华。

秦观
再见了，我的朝华！此番再别，估计是不能相见了！

鹊桥仙

纤云弄巧，飞星传恨，银汉迢迢暗度。金风玉露一相逢，便胜却人间无数。柔情似水，佳期如梦，忍顾鹊桥归路。两情若是久长时，又岂在朝朝暮暮。

淮安

♡ 边朝华,苏轼,苏辙,黄庭坚,陈师道

边朝华：相公，以后我只能出家为尼，保佑你平安。🙏
秦观回复边朝华：对不起，我害了你。🙏
黄庭坚：兄弟保重！
陈师道：兄弟保重！
苏轼：唉，看得我也难受想哭了。😭
秦观回复苏轼：🍑🍑

1. 秦观的千古绝唱《鹊桥仙》是否是写给边朝华的，学术界有争议，也有人说是秦观出京时写给皇帝的。
2. 秦观再次遣走朝华，曾作诗《再遣朝华》：玉人前去却重来，此度分携更不回。肠断龟山离别处，夕阳孤塔自崔嵬。

一路辗转来到处州后，秦观心情低落，同时感觉无所事事，便频繁地出入寺庙与僧道交往，抄写经书、游玩唱和以打发时间。但就是这样，也被政敌的爪牙当成把柄而弹劾，罪名是"抄写佛书""败坏场务"。在绍圣三年，他被罢去处州监酒税职务，"削秩徙郴州"。

朋友圈

秦观
在处州两年，以为够难的了，没想到这还不够，还要开除我，把我赶到三千里外的郴州去！没有官职和俸禄，连家人都不能带，世界是要抛弃了我吗？！

题郴阳道中

一

门掩荒寒僧未归，萧萧庭菊两三枝。
行人到此无肠断，问尔黄花知不知。

二

哀歌巫女隔祠丛，饥鼠相追坏壁中。
北客念家浑不睡，荒山一夜雨吹风。

晁补之：少游兄，为啥没有官职和俸禄？
秦观回复晁补之：我是被"削秩"啊，"编管郴州"。
晁补之：他们着实太狠了！
苏轼：少游啊，郴州可比处州更加荒蛮，你可要照顾好自己啊……
秦观回复苏轼：老师您在惠州更要照顾好自己！
黄庭坚：我在黔州，自己买地种菜，日子倒也过去，哈哈！
苏轼回复黄庭坚：鲁直你这生活态度还比较像我，少游还需要向你学习啊……

1. 秦观从处州（今浙江丽水）到郴州（今湖南郴州），一路经过衢州、九江、武汉、岳阳、长沙，近三千里路。

2. "削秩"，指削除官职和俸禄。"编管"，指将受谪、流放的官员或罪犯加以组织、安置，令地方官吏加以管束。

3. 公元1095年，黄庭坚被贬为涪州（今重庆涪陵）别驾，前三年在黔州（今重庆彭水）安置，后又被移置到戎州（今四川宜宾）生活了三年。

令人不解的是，秦观千里迢迢才从处州赶到郴州，绍圣四年的冬天，他又再度获诏，从"郴州编管"移送"横州编管"。横州，在广西东南，是郴州西南方向一千多里外的荒蛮之地。秦观难以接受，一腔怨愤之下，写下千古绝唱《踏莎行·郴州旅舍》。

朋友圈

秦观

什么也不想说了，绝望了，一首《踏莎行》为自己送行。

雾失楼台，月迷津渡。桃源望断无寻处。
可堪孤馆闭春寒，杜鹃声里斜阳暮。
驿寄梅花，鱼传尺素。砌成此恨无重数。
郴江幸自绕郴山，为谁流下潇湘去？

郴州

♡ 晁补之,黄庭坚,苏轼,苏辙,张耒

黄庭坚：无限伤感，少游兄，挺住啊！
晁补之：无限伤感，少游兄，挺住啊！
张耒：无限伤感，少游兄，挺住啊！
苏轼：你这词写得越来越凄厉哀怨了，让人看得心疼！
苏辙：我也刚刚被贬为化州别驾，准备去见见我哥。

1. 秦观写《踏莎行》后，苏轼曾为之题跋，著名书法家米芾书写，最终勒石立碑于郴州，史称"三绝碑"，在文学史和书法史上都有巨大影响。

2. 绍圣年间，苏辙被贬为化州（今广东茂名化州市）别驾，安置雷州（今广东湛江雷州市）处分。当时苏轼在广东惠州，任宁远军节度副使。

哈哈哈！如果大宋词人有朋友圈·苏东坡和他的朋友们

导读

到达横州后，溽热的气候，成群结队的蚊子，让秦观一时难以适应。幸好，横州人民热情淳朴，对远道而来的大才子秦观非常欢迎，青年学子们纷纷慕名求教，而秦观也在当地秀才资助下办起了横州第一家书院。

📶 🛜 ✳   🔋 19:25

‹   朋友圈   📷

秦观
刚到横州时，我差点有想死的心情，没想到横州人热情淳朴，崇儒重教，让我重新振作起来。如今，我这戴罪之人也有了教书育人的机会！我决定，把横州的教育搞起来！

横州

♡ 晁补之,黄庭坚,苏轼,苏辙,张耒

苏轼：不错不错，这正是我等士大夫该做之事。
黄庭坚：这叫"朝廷虐我千百遍，我待人民如初恋"。😄
秦观回复黄庭坚：我这叫"南国文化的拓荒牛"。😎
苏辙：真希望你能一直如此快乐！
秦观：希望我们这些贬到南国的迁客骚人都能好起来！

横州历来被视为荒蛮之地，也正因如此，当地人把秦观的到来视为天赐良机，他们非常珍惜这位"名师"。秦观以戴罪之身，无意间肩负起了在南国传播中华文化的使命。就在秦观离开横州后不久的南宋初年，横州诞生了有史以来的第一位进士。

快乐是短暂的，在横州不足一年，秦观又被贬到了苏辙刚刚离开的地方——雷州。同样是"编管"，这次还加了一条："特除名，永不收叙"，大有"永世不得翻身"之意，这是秦观受到的最为严厉的处分。

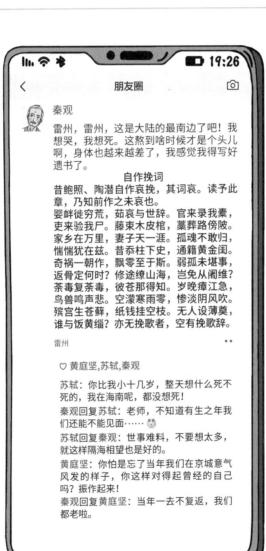

导读

秦观没想到的是，挽词都已经写好的他，居然还有北归的一天。公元 1100 年，宋哲宗驾崩，宋徽宗登基，苏门诸君均遇赦。准备动身北归的苏轼让秦观在雷州等他相会，久经离乱，师生见面后抱头痛哭。

秦观
真是世事难料，我以为再也见不到老师了，没想到还能在此相见。当年京城一别，已近十年，如今我们都已满鬓斑白、容颜衰退了！

江城子
南来飞燕北归鸿，偶相逢，惨愁容。绿鬓朱颜，重见两衰翁。别后悠悠君莫问，无限事，不言中。
小槽春酒滴珠红，莫匆匆，满金钟。饮散落花流水，各西东。后会不知何处是，烟浪远，暮云重。

雷州·海康 ··

♡ 黄庭坚,苏轼,苏辙,陈师道,晁补之

苏轼：有白头发这件事就不用在朋友圈说了吧。

秦观回复苏轼：反正现在都没啥人看我的朋友圈了。🙂

苏轼回复秦观：咱们也算是熬到头了，好好保养身体，还能焕发第二春！

秦观回复苏轼：我现在只希望不要再被贬了，心脏受不了。😔

苏轼回复秦观：老实跟你说，在海南时，我也以为会死在那里了。

秦观回复苏轼：原来老师也跟我一样，哈哈！

黄庭坚：我也要东归了，兄弟们，等我！

晁补之：我在京城等你们回来！

朋友圈

19:33

哈哈哈！如果大宋词人有朋友圈·苏东坡和他的朋友们

公元 1100 年六月，秦观与苏轼相会于海康后分别，不久后北归前往衡州（今湖南衡阳）。可惜的是，八月十二日，在途经藤州（今广西藤县）时，秦观就去世了。

 20:28

〈　　　　　　朋友圈　　　　　　📷

苏轼
哀哉痛哉！分别不久，吾友少游竟先于我去了，世岂复有斯人乎！少游已矣，虽千万人何赎！

··

黄庭坚：少游兄，一路走好。🕯
李之仪：少游兄，一路走好。🕯
张耒：老师节哀！听说少游兄走之前，正在藤州光华亭游览，走得还算安详，愿他一路走好。🕯
晁补之：少游兄，一路走好。🕯我不久后可能就能来陪你了！
苏轼回复晁补之：你怎么啦？
晁补之回复苏轼：老师，我身体也不行了。
苏轼：唉，你们都是受我连累……少游已经去了，你们一定要保重身体！
黄庭坚回复苏轼：老师，我们也担心您的身体……
苏轼：经历这么多后，我已经无所谓了。

苏门中，秦观于公元 1100 年八月十二日逝于广西藤州；同年十一月，晁补之逝世。公元 1101 年，苏轼逝于常州。公元 1105 年，黄庭坚逝世。公元 1114 年，张耒去世。

第五章　秦观：苏门秦学士，官场伤心人

141

据说，秦观是中暑渴死。到达藤州时，因为天气溽热加上旅途劳累，秦观已经"伤暑困卧"，出现中暑症状，但他依然外出游览，并在光华亭饮酒，后来口渴，等人把水呈上时，秦观"笑视之而卒"。

对于这位同门的不幸去世，苏门师友均十分悲痛。苏轼多次对人说："哀哉痛哉，何复可言。当今文人第一流，岂可复得。""哀哉少游，痛哉少游，遂丧此杰耶！""少游已矣，虽千万人何赎！"黄庭坚、张耒、陈师道等人也纷纷作诗作文祭奠。

在世人的痛惜中，一代婉约词宗秦观，就这样离开了人世。

如果说，苏轼是宋代文坛中的一轮圆月，皎洁闪亮，光芒万丈；那么秦观就是那浩瀚银河中的一颗星子，他的光也许很微弱，但只要在有星星的夜晚，人们都会想到他。

秦观虽然早逝，但正如《鹊桥仙》中所写，他与这个匆匆一瞥的尘世，便是：

金风玉露一相逢，便胜却人间无数。

重点诗词注解

1.《天仙子》

水调①数声持酒听，午醉醒来愁未醒。送春春去几时回？临晚镜，伤流景②，往事后期③空记省④。 沙上并禽⑤池上暝⑥，云破月来花弄影⑦。重重帘幕密遮灯，风不定，人初静，明日落红⑧应满径。

注释：

① 水调：曲调名。

② 流景：像水一样的年华，逝去的光阴。景：日光。

③ 后期：以后的约会。

④ 记省：记志省识。记：思念。省：省悟。

⑤ 并禽：成对的鸟儿。这里指鸳鸯。

⑥ 暝：天黑，暮色笼罩。

⑦ 弄影：谓物动使影子也随着摇晃或移动。弄：摆弄。

⑧ 落红：落花。

2.《一丛花令》

伤高①怀远②几时穷③？无物似情浓。离愁正引千丝④乱，更东陌⑤、飞絮蒙蒙。嘶骑⑥渐遥，征尘不断，何处认郎踪。 双鸳池沼水溶溶，南北小桡⑦通。梯横⑧画阁黄昏后，又还是、斜月帘栊⑨。沉恨细思，不如桃杏，犹解⑩嫁东风。

注释：

① 伤高：登高的感慨。

② 怀远：对远方征人的思念。

③ 穷：穷尽，了结。

④ 千丝：指杨柳的长条。

⑤ 东陌：东边的道路。此指分别处。

⑥ 嘶骑：嘶叫的马声。

⑦ 小桡：小桨；指代小船。

⑧ 梯横：是说可搬动的梯子已被横放起来，即撤掉了。

⑨ 栊：窗。

⑩ 解：知道，能。

1.《临江仙》

柳外轻雷①池上雨,雨声滴碎荷声。小楼西角断虹明。阑干②倚处,待得月华③生。 燕子飞来窥画栋④,玉钩⑤垂下帘旌⑥。凉波不动簟⑦纹平。水精⑧双枕,傍有堕⑨钗横。

注释:

① 轻雷:雷声不大。

② 阑干:同"栏杆"。

③ 月华:月光、月色之美丽。这里指月亮。

④ 画栋:彩绘装饰的梁栋。

⑤ 玉钩:精美的帘钩。

⑥ 帘旌:帘端下垂用以装饰的布帛,此代指帘幕。

⑦ 簟:竹席。

⑧ 水精:即水晶。

⑨ 堕:脱落。

2.《玉楼春》

尊前①拟把归期说,欲语春容②先惨咽。人生自是有情痴,此恨不关风与月。 离歌③且莫翻新阕④,一曲能教肠寸结。直须看尽洛城花⑤,始共⑥春风容易别。

注释：

① 尊前：即樽前，饯行的酒席前。

② 春容：如春风妩媚的颜容。此指别离的佳人。

③ 离歌：指饯别宴前唱的流行的送别曲。

④ 翻新阕：按旧曲填新词。阕：乐曲终止。

⑤ 洛城花：洛阳盛产牡丹，欧阳修有《洛阳牡丹记》。

⑥ 始：始而，表示某一情况或动作开始（后面多接用"继而""终于"等副词）。共：和，与。

3.《生查子·元夕》

去年元夜^①时，花市^②灯如昼^③。月上^④柳梢头，人约黄昏后。今年元夜时，月与灯依旧。不见^⑤去年人，泪湿^⑥春衫^⑦袖。

注释：

① 元夜：元宵之夜。农历正月十五为元宵节。自唐朝起有观灯闹夜的民间风俗。北宋时从正月十四到正月十六三天，开宵禁，游灯街花市，通宵歌舞，盛况空前，也是年轻人密约幽会、谈情说爱的好机会。

② 花市：民俗每年春时举行的卖花、赏花的集市。

③ 灯如昼：灯火像白天一样。

④ 月上：一作"月到"。

⑤ 见：看见。

⑥ 泪湿：一作"泪满"。

⑦ 春衫：年少时穿的衣服，也指代年轻时的自己。

4.《采桑子》

轻舟^①短棹^②西湖^③好，绿水^④逶迤^⑤，芳草长堤，隐隐^⑥笙歌^⑦处处随。 无风水面琉璃^⑧滑，不觉船移，微动涟漪^⑨，惊起沙禽^⑩掠岸飞。

注释：

① 轻舟：轻便的小船。

② 短棹：划船用的小桨。棹：桨。

③ 西湖：指颍州西湖。在今安徽省阜阳市。宋时属颍州。

④ 绿水：清澈的水。

⑤ 逶迤：形容道路或河道弯曲而长。

⑥ 隐隐：隐约。

⑦ 笙歌：指歌唱时有笙管伴奏。

⑧ 琉璃：一种光滑细腻的釉料，多覆在盆、缸、砖瓦的外层。这里形容水面光滑。

⑨ 涟漪：水的波纹。

⑩ 沙禽：沙洲或沙滩上的水鸟。

1.《元日①》

爆竹②声中一岁除③，春风送暖入屠苏④。
千门万户⑤曈曈⑥日，总把新桃⑦换旧符。

注释：

① 元日：农历正月初一，即春节。

② 爆竹：古人烧竹子时使竹子爆裂发出的响声。用来驱鬼避邪，后来演变成放鞭炮。

③ 一岁除：一年已尽，"一"字用在第四声（去声）字的前面时，"一"变调，读第二声（阳平）。除：逝去。

④ 屠苏：指屠苏酒，饮屠苏酒也是古代过年时的一种习俗，大年初一全家合饮这种用屠苏草浸泡的酒，以驱邪避瘟疫，求得长寿。

⑤ 千门万户：形容门户众多，人口稠密。

⑥ 曈曈：日出时光亮而温暖的样子。

⑦ 桃：桃符，古代一种风俗，农历正月初一时人们用桃木板写上神荼、郁垒两位神灵的名字，悬挂在门旁，用来压邪。也作春联。

2.《桂枝香·金陵怀古》

登临送目①，正故国②晚秋，天气初肃。千里澄江似练③，翠峰如簇④。
归帆去棹⑤残阳里，背西风，酒旗斜矗。彩舟云淡，星河鹭起⑥，画图
难足⑦。　念往昔，繁华竞逐⑧，叹门外楼头⑨，悲恨相续⑩。千古凭高⑪

对此，谩嗟荣辱⑫。六朝⑬旧事随流水，但寒烟衰草凝绿。至今商女⑭，时时犹唱，后庭⑮遗曲。

注释：

① 登临送目：登山临水，举目望远。

② 故国：旧时的都城，指金陵。

③ 千里澄江似练：形容长江像一匹长长的白绢。澄江：清澈的长江。练：白色的绢。

④ 如簇：这里指群峰好像丛聚在一起。簇：丛聚。

⑤ 去棹：往来的船只。棹，划船的一种工具，形似桨，也可引申为船。

⑥ 星河鹭起：白鹭从水中沙洲上飞起。长江中有白鹭洲（长江与秦淮河相汇之处的小洲）。星河：银河，这里指长江。

⑦ 画图难足：用图画也难以完美地表现它。

⑧ 繁华竞逐：（六朝的达官贵人）争着过豪华的生活。竞逐：竞相仿效追逐。

⑨ 门外楼头：指南朝陈亡国惨剧。

⑩ 悲恨相续：指亡国悲剧连续发生。

⑪ 凭高：登高。这是说作者登上高处远望。

⑫ 谩嗟荣辱：空叹什么荣耀耻辱。这是作者的感叹。

⑬ 六朝：指三国吴，东晋，南朝宋、齐、梁、陈六个朝代。它们都建都金陵。

⑭ 商女：歌女。

⑮ 后庭遗曲：指歌曲《玉树后庭花》，传为陈后主所作。

3.《千秋岁引》

别馆①寒砧②，孤城画角③，一派秋声入寥廓④。东归燕从海上去，南来雁向沙头落。楚台风⑤，庾楼月⑥，宛如昨。　无奈被些名利缚。无奈被他情⑦担阁⑧。可惜风流总闲却。当初谩⑨留华表语⑩，而今误我秦楼约⑪。梦阑⑫时，酒醒后，思量着。

注释：

① 别馆：客馆。

② 砧：捣衣石。这里指捣衣声。

③ 画角：古代军中乐器。

④ 寥廓：空阔，此处指天空。

⑤ 楚台风：楚襄王兰台上的风。

⑥ 庾楼月：庾亮南楼上的月。

⑦ 他情：暗指皇上的恩情。

⑧ 担阁：延误。

⑨ 谩：徒然，白白地。

⑩ 华表语：指向皇上进谏的奏章。华表，又名诽谤木，立于殿堂前。

⑪ 秦楼约：指与恋人的约会。秦楼，代指女子居住处。

⑫ 梦阑：梦醒。阑：残，尽。

苏轼篇

1.《饮湖上初晴后雨》

水光潋滟①晴方好②，山色空蒙③雨亦④奇⑤。
欲⑥把西湖比西子⑦，淡妆浓抹总相宜⑧。

注释：

① 潋滟：水波荡漾、波光闪动的样子。

② 方好：正显得美。

③ 空蒙：迷茫缥缈的样子。

④ 亦：也。

⑤ 奇：奇妙。

⑥ 欲：可以；如果。

⑦ 西子：即西施，春秋时代越国著名的美女。

⑧ 总相宜：总是很合适，十分自然。

2.《江城子·密州出猎》

老夫①聊②发少年狂③，左牵黄，右擎苍④，锦帽貂裘⑤，千骑⑥卷平冈⑦。为报倾城⑧随太守⑨，亲射虎，看孙郎⑩。　酒酣胸胆尚开张⑪，鬓微霜⑫，又何妨！持节⑬云中⑭，何日遣冯唐？会⑮挽⑯雕弓⑰如满月⑱，西北望，射天狼⑲。

注释：

① 老夫：作者自称，时年三十八岁。

② 聊：姑且，暂且。

③ 狂：豪情。

④ 左牵黄，右擎苍：左手牵着黄犬，右臂擎着苍鹰，形容围猎时用以追捕猎物的架势。黄：黄犬。苍：苍鹰。

⑤ 锦帽貂裘：名词作动词使用，头戴着华美鲜艳的帽子。貂裘，身穿貂鼠皮衣。是汉羽林军穿的服装。

⑥ 千骑：上千个骑马的人，形容随从乘骑之多。

⑦ 千骑卷平冈：形容马多尘土飞扬，把山冈像卷席子一般掠过。

⑧ 倾城：全城的人都出来了。形容随观者之众。

⑨ 太守：指作者自己。

⑩ 看孙郎：孙郎，孙权。这里借以自喻。

⑪ 酒酣胸胆尚开张：极兴畅饮，胸怀开阔，胆气横生。尚：更。

⑫ 微霜：稍白。

⑬ 持节：指奉有朝廷重大使命。节：兵符，传达命令的符节。

⑭ 云中：汉时郡名，今内蒙古自治区托克托县一带，包括山西省西北一部分地区。

⑮ 会：定将。

⑯ 挽：拉。

⑰ 雕弓：弓背上有雕花的弓。

⑱ 满月：圆月。

⑲ 天狼：星名，又称犬星，旧说指侵掠，这里隐指西夏。词中以之隐喻侵犯北宋边境的辽国与西夏。

3.《水调歌头》

明月几时有？把酒①问青天。不知天上宫阙②，今夕是何年。我欲乘风归去③，又恐琼楼玉宇④，高处不胜⑤寒。起舞弄清影⑥，何似⑦在人间。　转朱阁，低绮户，照无眠⑧。不应有恨，何事长向别时圆⑨？人有悲欢离合，月有阴晴圆缺，此事⑩古难全。但⑪愿人长久，千里共婵娟⑫。

注释：

① 把酒：端起酒杯。把：执、持。

② 天上宫阙：指月中宫殿。阙：古代城墙后的石台。

③ 归去：回去，这里指回到月宫里去。

④ 琼楼玉宇：美玉砌成的楼宇，指想象中的仙宫。

⑤ 不胜：经受不住。胜：承担、承受。

⑥ 弄清影：意思是月光下的身影也跟着做出各种舞姿。弄：赏玩。

⑦ 何似：何如，哪里比得上。

⑧ 转朱阁，低绮户，照无眠：月儿移动，转过了朱红色的楼阁，低低地挂在雕花的窗户上，照着没有睡意的人（指诗人自己）。朱阁：朱红的华丽楼阁。绮户：雕饰华丽的门窗。

⑨ 不应有恨，何事长向别时圆：（月儿）不该（对人们）有什么怨恨吧，为什么偏在人们分离时圆呢？何事：为什么。

⑩ 此事：指人的"欢""合"和月的"晴""圆"。

⑪ 但：只。

⑫ 千里共婵娟：只希望两人年年平安，虽然相隔千里，也能一起欣赏这美好的月光。共：一起欣赏。婵娟：指月亮。

4.《江城子》

十年^①生死两茫茫，不思量^②，自难忘。千里^③孤坟^④，无处话凄凉。纵使相逢应不识，尘满面，鬓如霜。　夜来幽梦^⑤忽还乡，小轩窗^⑥，正梳妆。相顾^⑦无言，惟有泪千行。料得年年肠断处，明月夜，短松冈^⑧。

注释：

① 十年：指结发妻了王弗去世已十年。

② 思量：想念。

③ 千里：王弗葬地四川眉山与苏轼任所山东密州，相隔遥远，故称"千里"。

④ 孤坟：其妻王氏之墓。

⑤ 幽梦：梦境隐约，故云幽梦。

⑥ 小轩窗：指小室的窗前；轩：门窗。

⑦ 顾：看。

⑧ 明月夜，短松冈：苏轼葬妻之地。短松：矮松。

5.《念奴娇》

大江^①东去，浪淘^②尽，千古风流人物^③。故垒^④西边，人道是，三国周郎^⑤赤壁。乱石穿空，惊涛拍岸，卷起千堆雪^⑥。江山如画，一时多少豪杰。　遥想^⑦公瑾当年，小乔初嫁了^⑧，雄姿英发^⑨。羽扇纶巾^⑩，谈笑间，樯橹^⑪灰飞烟灭。故国神游^⑫，多情应笑我，早生华发^⑬。人生如梦，一尊还酹江月^⑭。

注释：

① 大江：指长江。

② 淘：冲洗，冲刷。

③ 风流人物：指杰出的历史名人。

④ 故垒：过去遗留下来的营垒。

⑤ 周郎：指三国时吴国名将周瑜，字公瑾，少年得志，二十四为中郎将，掌管东吴重兵，吴中皆呼为"周郎"。下文中的"公瑾"，即指周瑜。

⑥ 雪：比喻浪花。

⑦ 遥想：形容想得很远；回忆。

⑧ 小乔初嫁了：乔，本作"桥"。其时距赤壁之战已经十年，此处言"初嫁"，是言其少年得意，倜傥风流。

⑨ 雄姿英发：谓周瑜体貌不凡，言谈卓绝。英发：谈吐不凡，见识卓越。

⑩ 羽扇纶巾：古代儒将的便装打扮。羽扇：羽毛制成的扇子。纶巾：青丝制成的头巾。

⑪ 樯橹：这里代指曹操的水军战船。樯：挂帆的桅杆。橹：一种摇船的桨。"樯橹"一作"强虏"，又作"樯虏"，又作"狂虏"。

⑫ 故国神游："神游故国"的倒文。故国：这里指旧地，当年的赤壁战场。神游：于想象、梦境中游历。

⑬ 华发：花白的头发。

⑭ 一尊还酹江月：古人祭奠以酒浇在地上祭奠。这里指洒酒酬月，寄托自己的感情。尊：同"樽"，酒杯。

1.《满庭芳》

山抹微云，天连衰草，画角声断谯门①。暂停征棹，聊共引②离尊③。多少蓬莱旧事④，空回首、烟霭⑤纷纷。斜阳外，寒鸦数点，流水绕孤村。　销魂⑥。当此际，香囊暗解，罗带轻分。谩⑦赢得青楼，薄幸⑧名存。此去何时见也？襟袖上、空惹啼痕。伤情处，高城望断，灯火已黄昏。

注释：

① 谯门：城门。

② 引：举。

③ 尊：酒杯。

④ 蓬莱旧事：男女爱情的往事。

⑤ 烟霭：指云雾。

⑥ 销魂：形容因悲伤或快乐到极点而心神恍惚不知所以的样子。

⑦ 谩：徒然。

⑧ 薄幸：薄情。

2.《水龙吟》

小楼连远横空①，下窥绣毂雕鞍②骤。朱帘③半卷，单衣初试，清明时候。破暖④轻风，弄晴微雨⑤，欲无还有。卖花声过尽，斜阳院落，红成阵，飞鸳甃⑥。　玉佩丁东⑦别后，怅佳期、参差⑧难又。名缰利锁⑨，天还知道，和天也瘦。花下重门⑩，柳边深巷，不堪回首。念多情但有，当时皓月，向人依旧。

注释：

① 小楼连远横空：《艇斋诗话》少游词"小楼连远横空"，为都下一妓，姓楼，名琬，字东玉。词中欲藏"楼琬"二字。

② 绣毂雕鞍：指盛装华丽的车马。绣毂：华贵的车辆。雕鞍：雕饰有图案的马鞍，也借指马匹。

③ 朱帘：红色帘子。唐王勃《滕王阁序》诗："画栋朝飞南浦云，珠帘暮卷西山雨。"

④ 破暖：天气转暖。

⑤ 弄晴微雨：微雨时停时下，似在逗弄晴天。

⑥ 鸳甃：用对称的砖垒起的井壁。甃：音皱、井壁；井。

⑦ 丁东：象声词，形容玉石、金属等撞击的声音。

⑧ 参差：长短、高低不齐的样子。

⑨ 名缰利锁：比喻功名利禄对人的羁绊。

⑩ 重门：谓屋内的门。

3.《鹊桥仙》

纤云①弄巧②，飞星③传恨，银汉④迢迢⑤暗度⑥。金风玉露⑦一相逢，便胜却人间无数。 柔情似水，佳期如梦，忍顾⑧鹊桥归路。两情若是久长时，又岂在朝朝暮暮⑨。

注释：

① 纤云：轻盈的云彩。

② 弄巧：指云彩在空中幻化成各种巧妙的花样。

③ 飞星：流星。一说指牵牛、织女二星。

④ 银汉：银河。

⑤ 迢迢：遥远的样子。

⑥ 暗度：悄悄渡过。

⑦ 金风玉露：指秋风白露。

⑧ 忍顾：怎忍回视。

⑨ 朝朝暮暮：指朝夕相聚。语出宋玉《高唐赋》。

4.《踏莎行》

雾失楼台①，月迷津渡②。桃源望断无寻处③。可堪④孤馆闭春寒，杜鹃⑤声里斜阳暮。　驿寄梅花，鱼传尺素。砌⑥成此恨无重数⑦。郴江幸自⑧绕郴山⑨，为谁流下潇湘去⑩？

注释：

① 雾失楼台：暮霭沉沉，楼台消失在浓雾中。

② 月迷津渡：月色朦胧，渡口迷失不见。

③ 桃源望断无寻处：拼命寻找也看不见理想的桃花源。桃源：语出晋陶渊明《桃花源记》，指生活安乐、合乎理想的地方。无寻处：找不到。

④ 可堪：怎堪，哪堪，受不住。

⑤ 杜鹃：鸟名，相传其鸣叫声像人言"不如归去"，容易勾起人的思乡之情。

⑥ 砌：堆积。

⑦ 无重数：数不尽。

⑧ 幸自：本自，本来是。

⑨ 郴山：今属湖南。

⑩ 为谁流下潇湘去：为什么要流到潇湘去呢？意思是连郴江都耐不住寂寞何况人呢？为谁：为什么。潇湘：潇水和湘水，是湖南境内的两条河流，合流后称湘江，又称潇湘。

5.《江城子》

南来飞燕北归鸿①，偶相逢，惨愁容。绿鬓朱颜②，重见两衰翁③。别后悠悠④君莫问，无限事，不言中。　小槽⑤春酒⑥滴珠红，莫匆匆，满金钟⑦。饮散落花流水，各西东。后会不知何处是，烟浪⑧远，暮云重⑨。

注释：

① "南来"句：此句仿南朝陈江总《东飞伯劳歌》"南飞乌鹊北飞鸿"句意，借喻久别重逢的友人。

② 绿鬓朱颜：黑发红颜，形容年轻美好的容颜。

③ 衰翁：老翁。

④ 悠悠：思念貌；忧思貌。

⑤ 小槽：古时制酒器中的一个部件，酒由此缓缓流出。

⑥ 春酒：冬酿春熟之酒；亦称春酿秋冬始熟之酒。

⑦ 金钟：酒杯之美称。钟：酒器。

⑧ 烟浪：雾霭苍茫的水面，同"烟波"。

⑨ 暮云重：喻友人关山远隔。

图书在版编目（CIP）数据

哈哈哈！如果大宋词人有朋友圈. 苏东坡和他的朋友们 / 诗意文化编；魏无忌，叶寒著. — 南京：江苏凤凰文艺出版社，2023.6
ISBN 978—7—5594—7354—7

Ⅰ. ①哈… Ⅱ. ①诗… ②魏… ③叶… Ⅲ. ①苏轼（1036—1101）– 生平事迹 – 通俗读物 Ⅳ. ① K825.6–49

中国国家版本馆 CIP 数据核字 (2023) 第 013721 号

哈哈哈！如果大宋词人有朋友圈. 苏东坡和他的朋友们

诗意文化 编　　魏无忌　叶寒　著

责任编辑	周颖若
特约编辑	孙恩枫　尹晨钰
装帧设计	后声文化
出版发行	江苏凤凰文艺出版社
	南京市中央路 165 号，邮编：210009
网　址	http://www.jswenyi.com
印　刷	北京世纪恒宇印刷有限公司
开　本	880×1230 毫米 1/32
印　张	15.875
字　数	270 千字
版　次	2023 年 6 月第 1 版　2023 年 6 月第 1 次印刷
书　号	ISBN 978 - 7 - 5594 - 7354 - 7
定　价	117.00 元（全三册）

江苏凤凰文艺版图书凡印刷、装订错误可随时向承印厂调换